我的經濟理想國

人人都富足的繁榮社會

周偉華 著

五南圖書出版公司 印行

Prologue

序言

人類現今所有的社會制度與形態，皆由習慣日積月累所形成，一出生就處於既定的環境下，所接觸到的一切制度也都是過去的思想理念，在順理成章的情形下，人們會理所當然認爲現存的一切制度都是合理的。然而，某些合理形成的制度，也正是造成人類社會不斷地交替出現繁榮與衰退的始因。人類若有一套完整的制度，能重新建立徹底改善貨幣集中問題的機制，人類歷史或將永遠改觀，而人類未來的發展亦是無可限量。

究竟人類處於普遍競爭的環境底下，亦或是處於互助合作的環境裏才會發展得比較好？這個問題可說是各自有許多的擁立者，雖說競爭能夠刺激人類追求生存的潛能，但競爭環境亦會引發許多負面的人性，如貪婪、自私、勾心鬥角等。

每個人的內心或多或少希望，能居住在生活條件完善如天堂般的世界裏，小說也經常出現這類題材的世界，從聖經裏的「伊甸園」、孔子的「大同世界」、陶淵明的「桃花源」、柏拉圖的「理想國」等，都是描述美好生活的社會環境。然而，若想從這些古書中，找到如何創造理想世界的內容卻不容易。這不免令人懷疑這些談論理想世界的內容，是否僅是一種無法實現的空談？

不知各位可曾想過，人類是否有方法可以實現類似理想世界那樣互助互利社會？在這種社會環境中，人類各種負面心態與行爲會降至最低，社會將處於一種極度和諧的狀態，正如禮運大同篇所形容的「大道之行也，天下爲公，選賢與能，講信修睦，故人不獨親其親，不獨子其子，使老有所終，壯有所用，幼有所長，鰥寡孤獨廢疾者皆有所養；男有分，女有歸，貨惡其棄於地也不必藏於己，力惡其不出於身也不必爲己，是故謀閉而不興，盜竊亂賊而不作，故外戶而不閉，是謂大同。」

在大同世界裏，充滿修身養性的民衆，公僕皆本著良善的態度來爲民服務，幼兒、病人、無力謀生的人、老人等，不因家庭貧困，皆能得到妥善的照顧。人人有工作可以做，男女皆能有好的歸宿，民衆樂於助人。這樣美好的世界看起來像是小說般的情節，但實際上確實有可行及可運作的方式，來達成這樣的理想世界。本書將詳述是什麼樣的情況造成經濟的衰退，與社會發展受到何種的阻礙，以及如何根本解決的方法。這一切，只要人類願意付諸行動，就可以達成。

目錄

第一章

資本主義的代價

第一節 自由競爭

自利的社會模式

社會制度經過長期的演變後，社會從政府嚴密的管控制度，逐步走向放寬開放的自由競爭制度。自由競爭制度所講求的最大重點，就是儘可能地降低政府的干預與控制，以達到資源最大的利用效率。在這種制度底下，個人可以尋求各種資源，以讓自身利益最大化，資本主義則是這制度的最佳代表。

拉丁語「capital」一詞意思是「頭」，「頭」則是古代歐洲測量財富的方式，一個人擁有越多「頭」牛，就表示此人越富有。12世紀以後，「資本」一詞開始被用來形容資金、商品、貨幣數量等。李嘉圖則在1817年《政治經濟學與稅收原理》一書中多次使用「資本家」一詞，其意思是擁有龐大資金的企業主。

資本主義最重要的特色是財產爲私人擁有，勞動力以薪資僱傭，收益部份則全部歸投資的企業家所有，市場以自由價格機制來作爲資源分配的方式，同時資本主義以各種法規來保障私人財產。在私人利益可獲得保障的基礎下，資本主義確實發揮了極高的企業運作效率，來推動各種工商活動，以及極有效率促進了都市的發展。在私有產權的制度下，財產價值是由市場上的供給與需求所決定的，無論財產最終歸爲何人所擁有，其價值皆反映出社會大眾的需要。

個體對私利的追求是資本主義中最重要的基礎，亞當·斯密被普遍地認爲是資本主義之父，他認爲在自由的市場經濟體制下，利己行爲將比利他主義（爲公眾服務如公務員、國營企業等）更有效率。亞當·斯密在其著作《國富論》中提到市場有一隻「看不見的手」，可以引導市場進行最有效率的分配與活動，而政府的干預則會降低市場的效率。的確，眾人藉由對利潤的追求來達成自我利益的滿足，每個人都竭盡所能的發揮自我的特點與長才，社會資源充份受到利用，可以讓整體社會利益達到極大化。

此種利己的特性可以爲社會帶來極大的好處，如若去除利己的成份，則社會資源將無法有效運用，生產效率低落，市場陷入長期停滯。在前蘇聯、東歐等多個國家以共產制度（完全利他）排除私有產權（利己）的實驗下，已充份證明如果社會的運作以完全排除利己的手段來進行時，社會資源的利用效率將大幅度下滑，甚至無法滿足個人基本生活所需。

然而，完全的利己主義（完全放任的自由市場），卻又帶來另一項問題。當企業資本規模達到一定程度後，一些企業會聯合起來壟斷市場，造成不公平的競爭。雖然政府干預會降低市場效率，但聯合壟斷市場的行爲同樣會造成市場效率的降低，尤其擁有絕對資本優勢的企業將主導市場價格，完全排除他人的競爭，資本規模擴大和交易成本的增加，阻礙了資源轉移和市場競爭。另一方面，由於市場壟斷，降低了競爭的程度，使競爭的作用下降。一旦企業獲利依賴於壟斷地位，技術的進步就會受到抑制，整體社會發展將因此而停滯不前。就是因爲壟斷行爲對社會帶來的危害，遠比政府干預的影響來得大，這也是爲何政府每當市場機制受到一定程度破壞時，就會選擇出手干預的原因。

市場機制本身存在著資本優勢問題，擁有大量資本象徵擁有較佳競爭優勢，擁有資本越多，在競爭中就越有利，其獲得利益的效率就越快，財富開始傾向資本高的一方，財富集中的現象越來越明顯。另外，根據長期的觀察，資本家願意分享紅利給員工的是少之又少，絕大多數經營者對員工是想方設法的壓低薪資，使多數人趨於貧困，造成了財富差距不斷地加大。多數人的貧困普遍影響到社會的消費水準，而使市場規模日漸縮小。畢竟市場無法單靠少數有錢人的消費來維持（邊際消費傾向遞減：所得越高，消費占比越低），整體市場的消費水準下降，進而影響到商品的生產，使社會資源的使用率嚴重縮水，社會資源的使用效率也跟著大幅度下降。

資本主義另一項重要的特色是「適者生存、不適者淘汰」，在資本主義發達的社會，很少人會眞正去關心弱勢族群的保障，每個人所關心的內容皆是如何獲得財富，及如何增加獲取財富的機會。1968年有部電影〈孤雛淚〉，其敘述的內容就是資本主義的發源國——英國的底層民衆眞實的生活。這些底層民衆不但無法享受到資本主義帶來的好處，甚至進一步被社會邊緣化，而這些人最後就成爲資本主義社會下的被淘汰者。

時至今日，縱然資本主義社會已有所改良，但社會福利制度完善如北歐國家，也難以確保民衆的生活條件能獲得充份保障。只要在資本社會的競爭環境下，人們就必須面臨不斷與他人競爭的環境。爲了自身利益而產生出的負面影響，人性趨向惡的一面，如嫉妒、陷害、謊言等，便會不自主地漸漸浮現。人們想盡辦法以各種手段來妨礙與淘汰對手，以謀求更多更好的利益。競爭雖有助於增進人類的發展，但過度競爭亦會讓人性衍生負面的思考與手段，而這些負面的因素又回過頭來妨礙了社會發展。致使到了最後，競爭反而成爲社會進步與發展的嚴重阻礙。

金錢堆砌的競爭優勢

在條件式的生存環境下，人們爲了生活必須不斷地獲取財富，縱使已擁有足以滿足一切生活條件的金錢，卻仍不斷想方設法獲得更多的財富，財富已成爲人類世界的唯一標竿，有錢就如同擁有一切。這個社會不會有人嫌錢太多而停止賺錢，當自己擁有大量的競爭優勢時，就會竭盡所能的來取得財富。具有雄厚背景的人，往往可以輕易的獲得大量金錢，社會鮮少爲窮人伸出有利的雙手，大多數資源只爲了服務極少數擁有大量財富的人，因爲競爭條件的不同，使得有錢人變得更有錢，窮人依然是窮人。

似乎鮮少有人關心過，社會資源終究不是無窮的，多數的資源被少數人給占有時，多數人的生活就會受到影響。民眾的生活條件變得不足，受到排擠和壓迫，人們爲了生活，開始出現各種非理性的競爭方式，負面思考的人性漸漸浮出檯面，人與人之間不再擁有信任，社會充滿冷漠的表情，這種以自利爲主的社會運作模式，本質上就是一種專門培養負面人格的惡性循環。

人類是地球這個水藍色星球的優勢物種，相較其他物種，具有更高端的智慧，但是人與人之間卻始終脫離不了競爭的模式。因爲弱肉強食的關係，人類發展總是在繁榮與衰退之間交替進行。社會歷經幾百年的發展與建設，卻又會因爲大眾對統治者的極度不滿，而突然爆發戰爭與革命，將已發展的社會再一次的破壞殆盡。

在漫長的人類發展史中，每隔幾百年就會進入一次大幅度的戰爭破壞，然後再建立起新的社會。難道人類社會只能永無止境地陷入這種毫無意義的循環？還是我們能有其他選擇的機會，可以徹底擺脫宿命，邁向永續繁榮的道路？或許是統治者在舞台最高點，難以看清台下民衆的困苦，所以才會一次又一次地讓社會陷入貧困不安的情緒。統治者所關心的只會是自身，以及相關人等的利益是否得到足夠的保障，一般民衆的生活，在他們心中從來未能留下絲毫的痕跡。

人類社會開始以貨幣交易後，雖帶來生活上極大的便利，但人們相互競爭的目的就純粹是爲了賺錢，似乎只有賺錢才能讓自己生活變得更好。賺錢成爲人們生活的唯一目的，賺錢這件事幾乎消耗大多數人一生的精力。

經濟小語

難道人類社會永遠只能以金錢爲中心才能發展？還是人類有其他更好的選擇，讓所有人都能在一定的基礎下，充份享受到經濟成長所帶來的利益？

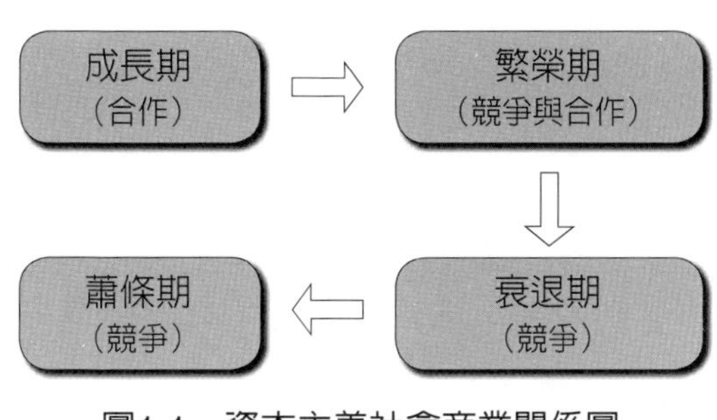

圖1-1　資本主義社會商業關係圖

〈資本主義社會商業關係圖〉說明：

在資本主義社會，彼此可以有互相合作的方式，也會因利害關係而產生競爭，我們以經濟循環的四個階段來分別說明：

1. 成長期：經濟發展初期，社會需求量大增，大量社會資源等待挖掘，為了比他人更快占有市場獲得利益，廠商彼此相互合作，資源共享與利益均分，以求快速進入市場。
2. 繁榮期：經濟發展速度已逐漸到達頂峰，市場各行業一片欣欣向榮，社會資源與利益逐步被少數人掌控，廠商開始從合作關係進入競爭關係，隨著市場愈趨成熟，競爭情況將更激烈。
3. 衰退期：經濟開始走下坡，商品需求逐漸下滑，市場開始出現商品過剩的現象，廠商為了順利出貨也開始降低價格，廠商之間的競爭關係進入白熱化，彼此不但相互壓低價格，甚至不惜以重金挖角，獲取對方技術或是客户，以取得更高的市場占有率。

4. 蕭條期：此階段失業率高，民眾無力消費，商品需求極度缺乏，每隔一段時間便會有大量廠商倒閉，銀行也因各項貸款無法回收而倒閉。廠商為了維持營運，不得不大幅降低商品價格，甚至虧本出售。此時廠商競爭激烈程度已達到最高，價格競爭激烈，商品出售幾無利潤可言。

商人為了利益而相互競爭，雖然彼此間也有合作關係，但多數時間皆為競爭關係。尤其從經濟繁榮期進入衰退期後，廠商彼此關係更加緊張。總體而言，資本主義社會以競爭為主軸，如無法贏過對手，便自然被社會淘汰。

第二節　大富翁遊戲

機會還是命運？

相信各位小時候或多或少都玩過「大富翁」遊戲，這個遊戲最後結束時是由一位玩家獲得所有土地與金錢。各位可曾想過我們所處的世界，竟然也依循著大富翁模式在進行著！

大富翁遊戲的方式是一開始發給每位玩家一筆固定的資金，然後每個人依次輪流擲骰子前進，走到空地時就可以購買土地，和在土地上蓋房子，走到命運和機會就看運氣而獲得金錢、損失金錢或其他不同的效果。隨著遊戲的進行，遊戲紙上的空地陸續被玩家購買，以及土地上蓋滿了房子。不小心走到別人地盤的玩家，就必須支付高額的過路費，如果無法支付過路費，玩家就會被判出局，遊戲依此規則一直進行到最後一個玩家獨占所有金錢與房地產爲止。

就在我們所居住的環境裏，其運作方式竟跟大富翁遊戲如此地類似。在現實環境中，早期的人利用開發土地與遷移開發來不斷累積財富，接著後面的人不斷地購買土地與房產，擁有房產後再對外來移入的人收取租金，收租的方式就好像大富翁遊戲的過路費。隨著移入人口越來越多，在土地供應不足的情況下，租金不斷地往上墊高，如果民眾想進入早已被私人占有的都市，就要有支付高昂租金的心理準備。

隨著時間過去，擁有資金的人開始收購房地產，再利用這些房產，收取高昂的租金來累積財富。財富不可能無窮盡地增加，財富大幅度集中之後，其他人的財富就會相對地減少，然後產生消費能力下滑、市場需求衰退、商品生產減少、工作機會減少等一連串的惡性循環。

令人感到不解的是，熱愛收集財富的人始終無法了解累積財富的行為，將會對社會形成龐大壓力，一般大眾也大受影響而深陷痛苦。累積財富似乎成為少數人生活目標與樂趣，將所有的財富都歸入自己口袋，想必是他們心中最重要的目標。如持續依循這樣的發展模式，社會最後將邁向什麼樣的結局？

財富集中帶來的惡果

如今社會持續循著大富翁遊戲的模式進行，大約20年就會進入社會結構終結的形態，日本、台灣、韓國等國的發展經驗皆明白顯示，經濟快速成長的期間，如無法趁此時致富，這段時機一旦過去，往後想要成功致富是難上加難，更何況財富高度集中時期，百業蕭條、消費力大減，一般人連一份正常的薪水都無法獲得，更別提想要成功致富。

然而，最感到痛苦的，莫過於那些在經濟走下坡年代出生的人。在經濟成長期、繁榮期間，賺錢成功的機會俯拾皆是，在這段期間只要肯努力、肯花心思賺錢，多少都能獲得不錯的成果。但是，在繁榮過後出生的人，要面對的是永遠高不可攀的房價。

對經濟發展後期出生的人來說，一開始就處於比前人更差的競爭環境，進入社會後縱使比前人努力，也得不到應有的成果。許多人一生工作僅能養活自己，其他的事，什麼也做不了，生活品質低落，到後期甚至連自己的生活開銷都無法應付，更別提將來要面臨的養老問題。對於多數人來說，因爲房價始終上漲幾無倒退的時候，縱使薪水隨著時間有所增加，也趕不上房價上漲帶來的生活壓力，越到後面，在居住方面的支出比重也越來越高。這些眾人所支付出去的租金或房貸，一直不斷往少數人集中，也衍生出許多社會問題。

在大富翁遊戲中，財富持續集中的結果，就只有一人是最後的勝利者，其他人都被淘汰出局，如果想要繼續玩遊戲，就只有重玩一途。

經濟小語

在現實世界中，社會也一直朝向大富翁遊戲的架構邁進，所以到最後也只剩推翻政府一途，才能讓眾人獲得重新再來的機會！

第三節 人類社會的惡性循環

自人類建立社會制度後，每個人都可用自身條件以合理的方式來獲得財富，並且自由運用花費。擁有財富的自由，似是合理不應受限制的行爲，但若擁有財富的數量完全沒有一定的限制，讓人無盡地搜集財富，一代傳一代，財富太過集中，則最後將成爲社會的壓力來源，以及對經濟產生嚴重的影響。

在一般商業競爭中，資金量的多寡對一個公司經營成敗具有絕對重要的關鍵。一個擁有龐大資產的企業，其賺錢的速度絕對遠超過一般企業。億萬富翁可以擁有多家企業，每年賺進數億、數千萬財富，但對一般人來說，如能擁有百萬年薪就已算是社會頂尖的精英份子。然而，縱使一個精英高階主管一年能賺一、二百萬，相較於擁有多家企業的經營者來說，一、二百萬的收入是幾億收入的小數點而已。在賺錢速度差距如此懸殊的情況下，隨著時間過去，其財富上的差距不但不可能縮小，卻反而以驚人的速度加快進行。

當財富集中效應持續地進行時，整個社會的財富逐漸地落入少數人的手中。因爲邊際消費傾向遞減的關係，富人消費雖然會隨著財富增加而提高，但消費比重不會持續往上增加，而是逐漸遞減。所以整體社會消費會隨著財富的集中持續衰退，這麼一來，廠商賺不到錢，失業率增加，貧窮成爲社會的普遍現象。當多數人無論如何努力工作，也無法滿足自己的基本生活開銷時，社會不滿情緒會持續累積。當大衆被壓抑的情緒一直無法釋放，到了最後忍無可忍時，就會再一次地爆發整體的反抗，而後就是我們從歷史上看到一次又一次的改朝換代，整體財富結構再一次進行調整。然而，當新一批權貴產生後，卻又重蹈先前財富集中的路徑，最後這個社會又再一次進行這樣的循環。

改朝換代的教訓

以漢朝爲例，自周朝末年，大小諸侯年年征戰，社會與都市結構被完全破壞殆盡，到處皆是饑荒與貧困，各項生產皆處於停滯狀態，民不聊生、百廢待舉。好不容易於西元前221年盼到全國統一的和平時刻，然而盼望已久，休養生息的時刻卻遲遲未能到來。爲了打擊邊疆民族，展示新王朝的威望，秦朝不但未給民衆喘息機會，反而徵調大量民力修建長城，與建造秦始皇的陵墓，造成民間陷入更大的壓力與困境。

一直到漢朝建立，漢文帝與景帝開始採用「輕徭薄賦」、「與民休息」的政策，使社會得以自由發展，民生經濟才逐漸恢復與好轉。

漢文帝於西元前178年與168年，分別實施減稅政策，以「除田租稅之半」的方式減免民衆的稅賦。漢文帝於西元前165年，甚至更進一步讓民衆田租全免，將財富蓄積於民間。另一方面，漢文帝對周邊國家持續採用和平友好的政策，避免與邊疆民族發生衝突，民力徵用降低加上減租的政策，使社會能夠將注意力集中在發展民生經濟這一方面。

到了景帝時，仍持續進行減租政策、大量興修水利、加速農業發展。民衆可以在穩定的環境下全力發揮並厚植民間財力。隨著各項生產逐漸恢復，漢朝初期便已出現多年未有的富裕景象。《史記》便詳載：「京師之錢累巨萬，貫朽而不可校。太倉之粟陳陳相因，充溢露積於外，至腐敗不可食。」《漢書‧食貨志》的內容亦提到民衆的生活水準，此時已獲得很大的改善。

從文帝與景帝兩代的社會發展約略經過20多年，社會便能達到欣欣向榮的景況，這完全是因爲文景兩帝的減稅輕徭政策，才能讓社會有足夠的力量來發展經濟。由於商業發達，一般民衆收入增加，社會消費力大增，而商人因需求的增加而大量生產，社會形成一股正向循環的力量，國家實力自然蒸蒸日上。

到了漢武帝時期，國力達到空前高峰，與秦始皇被後世並稱「秦皇漢武」。漢武帝爲了彰顯武功強盛，開始大量征討鄰近國家，在位期間多次派大軍討伐匈奴，並在西南地區消滅夜郎及南越國（兩廣地區）。往東則派兵消滅衛氏朝鮮，並設立四郡加以統治——樂浪郡、眞番郡、臨屯郡及玄菟郡。

漢武帝四處征討雖讓漢朝聲名遠播，但到處征伐的代價卻是消耗大量公帑，造成國庫嚴重空虛，而民眾大量徵召入伍，四處征伐時，兵員多有死傷，造成民力大量減少，嚴重影響經濟發展。

到了漢武帝統治後期，由於民生凋敝、社會動盪不安、民眾爲了逃稅而大量逃亡，民眾怨氣逐漸沸騰。天漢二年（西元前99年），齊、楚、燕、趙和南陽等地相繼爆發大規模起義事件。另一方面，漢武帝將鹽鐵酒等項目納入國營專賣，實行平準均輸政策，一方面防止商人從中牟利，另一方面亦能從中獲利增加國庫收入。但此政策卻造成與民爭利的局面，商人轉而開始炒作土地，各都市土地大幅上漲，一般民眾無力負擔龐大的租金而大量出走，土地無人耕作，地主無力繳納租金也開始相繼逃亡，地主逃亡後，土地則被少數富人侵呑而導致土地兼併嚴重。

漢武帝時期雖是漢朝國力最鼎盛時期，但亦是漢朝國力由盛轉衰的期間。其關鍵原因便是連年對外征戰造成國力嚴重消耗，人力亦因戰爭死傷而大量減少。由於民力大量減少，社會失去維繫經濟的主要力量。原本可創造財富的力量，此時卻因戰爭的消耗，嚴重阻礙民間經濟的發展。兵力徵員越多則社會運作的動力消耗越大，所以在漢武帝時期，武力達到頂峰之際，亦是漢朝國力由盛轉衰的時刻。

漢武帝末年，由於長期勞師動衆，四處征伐，政府長期徵調兵員造成妻離子散無法生活，民衆對此忍無可忍，於是起義事件不斷發生。眼看民怨沸騰、帝國統治陷入危機，漢武帝於駕崩前二年終於宣布：「止擅賦，力本農」，實施一連串的休養生息政策，讓民間經濟慢慢恢復。

漢武帝去世後，漢昭帝即位由霍光輔政，同樣採用與民休息的策略，漢昭帝之後的漢宣帝，亦由霍光執政，休養政策仍繼續維持。昭宣期間多次頒布減免田租、田賦，及其他稅賦之詔令。遭受水旱災害的地區，亦頒布賑貸詔令，當年租賦徭役全部皆免。這些減稅與民休息的政策使民間經過20多年的休養，民生經濟得以重建，社會重新恢復活力，史稱「昭宣之治」。

由此可知，蓄積於民、與民休息，可讓社會快速發展經濟，厚植國家實力。民衆有了收入，就會增加消費活絡市場經濟，廠商因商品熱銷而增加生產，社會形成一種正向的良性循環。相反的，如若統治者好大喜功，經常四處征伐，將大量民力轉爲兵員，將導致國家生產力大幅下降，各種戰爭器具與糧食消耗大增，戰爭的開銷十分龐大，長久下來，就算原來國力十分強盛，最終也將消耗殆盡走向滅亡。

20年的繁榮期

中國過去經濟發展，每次繁榮的期間大多僅維持30年左右，然後便開始每下愈況由盛轉衰。以鄰近的日本來說，日本經濟高速發展期約爲20年（1970年~1990年），而台灣經濟的高速成長期亦約爲20年（1977年~1997年），之後經濟便開始出現減緩而走下坡。好像沒人認眞思考過，爲何經濟發展快速的時間都只能約略維持20年左右，而不能一直持續快速增長下去？

經濟無法持續增長的原因並不複雜，當財富大量集中後，擁有財富的人可以利用龐大的財富，以絕對的優勢來獲取更多的財富，而一般人無法與其競爭，只能任由少數人賺走財富。一旦財富開始大量流入少數人的手中，市場資金將逐漸減少，其他人可賺到錢的機會便大幅降低。

當財富流向的結構傾斜後，社會開始往兩邊分化，貧富差距越來越明顯。民衆因所得下降，消費力持續下滑，市場裏流動的金錢減少，造成商業沒落與經濟持續走下坡。

經濟小語

財富累積若無適當的平衡機制，經濟就會逐漸地走入衰退的道路。

第四節 富者越富，貧者越貧的馬太效應

馬太效應是1968年美國科學史學家羅伯特．莫頓提出的名詞，用以概括說明一種社會形態的現象。馬太效應明顯表現在資本主義社會運作，造成富者越富、貧者越貧的現象。

「馬太效應」一詞來自於新約聖經裏的內容。新約全書中，馬太福音第25章的寓言：

一個國王要出遠門前，他交給三個僕人每人1錠銀子，並囑咐他們：「這些錢給你們去做生意，等我回來時，再來跟我報告成果。」

國王遠行回來後，第一個僕人說：「主人，你交給我的1錠銀子，我已賺了10錠。」於是國王便獎勵他10座城堡。

第二個僕人報告說：「主人，你給我的1錠銀子，我已賺了5錠。」於是國王獎勵了他5座城堡。

第三個僕人報告說：「主人，你給我的1錠銀子，我一直包在手巾裏小心保存著，因為我害怕弄丟，所以一直沒有拿出來。」於是國王命令第三個僕人將那1錠銀子分給第一個僕人，並且說：「凡有的，還要加給他，叫他多餘；沒有的，連他所有的，也要奪過來。」

馬太效應形成的原因

馬太效應就如同財富效應一樣，當一個人擁有比別人多的財富時，他就能獲得比別人更多的競爭優勢來獲取財富。如果一個人擁有越多的財富，就如同擁有更好更快的獲取財富管道。就好比道路競賽，一個騎腳踏車的人追不過騎機車的人，一個騎機車的人追不過開跑車的人。所以擁有100元的人無法與擁有1,000元的人競爭，擁有1,000元的人無法與擁有10,000元的人競爭（這裏暫不討論龜兔賽跑的特例情況）。

富人擁有龐大資金，可以用最好的設備，生產品質最優的商品、在最佳的黃金地段開店做生意，甚至賠錢時還能另闢戰場從其他地方賺回來。反觀一般人，不但購買設備需要向銀行貸款，連至連裝潢、房租等，都可能需要向親友借錢才能應付，更別說將來開店後能夠承受多長期間的虧損。富人在各種經營條件都比一般人來得更優的情況下，最後最會賺錢的，仍舊是屬於擁有較多財富的那群人。

馬太效應對社會影響

馬太效應對經濟處於剛開始發展擴張階段的人來說最爲有利，每一次戰亂過後，各種生活設施被破壞殆盡，許多產業皆處於萌芽期，大多數人的競爭條件差不了多少，社會充滿各式各樣的創業機會，所以只要肯認眞投入心力，就有機會獲得成功。然而，隨著時間經過，大量財富開始聚積在少數人的手中，並以此爲基礎不斷地擴大獲取財富，社會的貧富差距越來越大，人與人之間競爭條件差異巨大。社會卻從未對此情況加以改善，或進行適度的調整，以致越到經濟後期，社會不但未因經濟發展而改善一般人的生活條件，卻反而出現越來越多的窮人。

就好比道路競賽，有人可以從距離起點100公尺遠的地方開始起跑，有人卻只能從起點開始追著人跑。然後，這個跑在前面的人沿途獲得了腳踏車、機車、跑車、飛機等工具，後面的人雖有人也會得到代步工具，但此時前後的差距早已天差地遠，更不用說那些更後面追上來連代步工具都拿不到的人。前面的人早已將沿途能得到的機會通通拿走，那麼後面追來的人當然什麼也沒有，將來很難有機會贏過前面先起跑的人。

從古至今，馬太效應現象普遍存在社會中，造成貧富差距隨時間持續加大，當財富與資源大部份落入少數人手中時，就會形成市場資金流通變少，商品無人消費，經濟持續衰退，貧困成爲社會的普遍現象。

經濟小語

只要你比別人有錢，你就能比別人賺更多錢。

第五節　景氣爲什麼不循環

一般認爲景氣隨著時間經過而有繁榮與衰退的循環，然而卻沒人思考過，景氣是否有一天不再循環？

如前文中所提經濟循環四階段，景氣會隨時間經過而出現成長、繁榮、衰退與蕭條等週而復始的情形。正如諸多研究所顯示，在經濟初發展階段，景氣的確會隨著時間而有繁榮與蕭條循環的變化。然而，似乎沒人想到，經濟竟然會出現不再繁榮的情況。

流動性陷阱

凱恩斯率先提出流動性陷阱這一概念，他指出當利率降低到不能再低時，此時無論市場裏的貨幣數量如何增加，利率也不會再下降（最低利率爲零，日本曾實施過多年的零利率政策）。即便利率降爲零，也無法使銀行增加貸款、商人增加投資，以及消費者提高消費意願。因爲利率太低，人們寧願持有現金，日本曾因銀行存款沒利息，甚至要收手續費，造成許多人寧可將現金藏在家裏而不願存入銀行，以致實施擴張性貨幣政策也無任何作用。

日本失落的10年

日本自1991年房地產泡沫化以來，日本國內經濟出現持續走下坡的情況，直到2015年仍處於十分低迷的階段。如以各種景氣循環理論來推斷，長周期的景氣循環需要50年，從景氣頂點至最低點約25年來算的話，日本國內經濟早應開始好轉，爲什麼時至今日仍無法從蕭條走向復甦？

日本經濟爲何無法從衰退低迷走向復甦繁榮，這當中有一個最重要的關鍵因素，那就是房地產價格的飆漲。各位知道一般買屋都會向銀行貸款，而貸款期間大約爲20～30年左右。房地產價格越高，購房者每月要繳納的房貸就會越多。

在景氣大好的時候，工作機會大增，薪資跟著提高，市場閒置資金湧向股市，股市漲到一定程度後，資金又開始轉向房地產，等到人人手中擁有房屋，房地產炒無可炒時，景氣就開始走下坡。在景氣向下走的期間，日本政府曾提出各種振興經濟政策，包括實施擴張性貨幣政策、發放消費券（1999年）等措施，都無法有效提振日本經濟。

從下面表格（日本平均薪資表）可以看到，日本自1991年經濟泡沫化後，民眾薪資開始逐年遞減，直至2015年仍未有往上調整的跡象。

景氣不會循環的原因

如果市場活絡的根本是資金，那麼景氣無法恢復繁榮的關鍵就是缺乏流通資金。有人可能覺得這不是廢話嗎？缺乏資金，那注入資金不就解決了？問題是人人都知道要讓市場重新活絡，就必須讓市場流入的資金變多，那麼美國、日本等國家實施多年貨幣寬鬆政策，不就可以讓市場資金變多？但是這種處理方式，市場缺乏資金活絡的問題是否就

日本近20年薪資

單位：日圓／月

年　　份	平均薪資
1995	409,000
2000	398,000
2005	380,000
2010	360,000
2011	362,000
2012	357,000
2013	358,000

資料來源：日本總務省統計局

能獲得解決？答案很明顯是否定的，各位看看日本與美國現今的情況，就可以明白問題可能不是他們所想的那樣。如果一個問題搞錯了方向，解決的方法錯了，問題自然無法獲得解決。

或許他們連想都沒想過（不知是自我催眠，還是自我掩飾），造成市場資金缺乏的最關鍵因素就在於房地產。各位想想，如果一個國家大多數人的薪水都拿去繳房貸，那麼誰還有多餘的錢可供消費？各位或許會覺得，那些賺錢的建商與地主會增加消費，一樣可以活絡經濟不是嗎？

然而，這裏要明白的跟各位說，當財富一旦往少數人手裏集中，市場就會開始缺乏資金，景氣便注定走向衰退，甚至邁入蕭條。

因爲邊際消費傾向遞減的關係（收入越高，消費占收入的比重會逐漸下降），少數人財富越來越多，消費力卻沒有等比例增加，抵不過多數人因收入減少而降低消費的部份。假如這群少數人又將資金再投入房地產繼續炒作價格，試問資金都在房地產上繞圈，誰來提供消費？

少數人因收入增加而增加的消費小於多數人因收入減少而降低的消費⇓市場衰退

所以，房地產炒作使財富逐漸集中，因爲邊際消費傾向遞減的關係，使市場消費資金漸漸消失，造成景氣衰退，最後達到蕭條。

經濟小語

如果財富無法從少數人手中再次釋放出來，可以預見景氣便再無恢復繁榮的一天。

第六節　貨幣使用率變低了

貨幣淪爲炫耀工具

為了解決過去以物易物的不方便，讓大衆能夠順利交易商品，才開始使用貨幣來解決交易問題。使用貨幣可以讓交易的頻率增加，增加商品交易的次數，並加速商人生產。民衆只要努力工作就可以獲得金錢，也可享受到因使用貨幣所帶來的經濟繁榮與生活便利。自開始使用貨幣後，貨幣很迅速地成爲市場主要的交易媒介。往後的時間裏，使用貨幣進行交易已成爲普遍現象，人們可以徹底擺脫以往以物易物方式的不便，商品交易的速度大幅提升，也促使經濟欣欣向榮。

既然貨幣成爲市場交易裏的主角，貨幣數量的多寡便影響到市場交易的活絡與否。如要讓經濟持續繁榮，則市場裏的貨幣就必須經常維持一定的數量。然而貨幣不可能無限制的發行，過量發行貨幣會造成嚴重的通貨膨脹，所以一般來說，貨幣的發行都會有一定數量的限制，且需提供等值的黃金、外幣準備等。因此貨幣使用效率的高低，就成爲市場活絡與否的重要關鍵。

一般來說，貨幣發行量經常隨著經濟成長而增加，當經濟成長減緩後，貨幣增加的速度也會跟著減緩。當貨幣增加的速度放緩時，因爲財富逐漸集中的關係，市場裏的資金逐漸從淨流入轉爲淨流出（資金流出大於流入），造成市場活動衰退。接著大量商品乏人問津，商人開始降價求售，此時便形成所謂的通貨緊縮。

舉例來說，假設某國發行100億貨幣，貨幣使用率爲60％，那便有60億在市場流通交易，若貨幣發行量以2％成長，等於貨幣每年增加發行2億，那麼在市場中流通的貨幣增加1.2億（60％使用率×2億增加發行＝1.2億流通量），隔年市場的貨幣流通量就會變成61.2億（60億＋1.2億＝61.2億）。

然而，因爲財富集中的關係，造成貨幣使用率下降（下節將說明使用率下降的原因），貨幣使用率降爲50％，那麼市場貨幣流通量就會剩下（100億＋2億）×50％＝51億，相較原來應該在市場上流通的61.2億，足足少了10.2億。各位從上面計算就可以了解到貨幣使用率下降，對經濟所產生的影響會有多大！

所以，當經濟成長速度放緩後，貨幣使用率仍須維持在一定水準之上，才能維持市場的正常運作。只要貨幣使用率未能達到原來的水準，市場便無法維持正常的價格水準。這將導致商品價格下滑，及對經濟產生各種不利的影響。隨之而來，經濟衰退也就無可避免。因此，貨幣使用率的降低，通常象徵著經濟將出現衰退。

雖有許多不同的因素使得貨幣的使用率降低，但最主要的影響仍來自於財富的集中。過去每個財富過度集中的時期，經常導致國家積弱不振，一般民衆普遍生活困苦。然後如再加上天災損害，糧食大量減少，生活將無以爲繼，此時民衆在無路可退的情況下，國家便容易產生各種抗爭，甚至引發革命。

貨幣集中程度越高，則使用效率越低的主要原因是，消費會出現隨著收入增加，而消費所得占比遞減的現象。若大部份的貨幣皆落入少數人之手時，這些人的貨幣使用效率將遠低於一般民衆。英國經濟學家凱恩斯在1936年出版《就業、利息和貨幣通論》中，曾對貨幣使用效率提出邊際消費傾向遞減法則。

邊際消費遞減

凱恩斯認爲人們的消費雖會隨著收入的增加而有所增加，但所增加的收入中，用於消費的比例卻會越來越少。比方說，有人賺10,000元，可能會有8,000元拿去消費，消費占收入的比例是80％。但如果收入增加至20,000元時，可能會僅消費12,000元，此時消費占收入的比例便降至60％。他指出消費隨收入增加而占比遞減的現象，是人類理性行爲的一種普遍現象。

邊際消費傾向遞減的現象，或許可以用邊際效用遞減法則來說明。比方說，一個人需要花8,000元才能滿足生活上食衣住行等需求。那麼當收入增加時，可以花更多錢來讓自己得到更多的滿足。然而，過多的消費雖會增加滿足感，但卻可能讓滿足感的效用逐漸降低，所以最後他選擇只花一定金額便不再消費。

比方說，有人很喜歡吃牛排，一個月都會吃一次牛排。然後隨著賺錢的增加，他會增加吃牛排的次數，甚至吃更好的牛排。隨著收入增加，從一個月吃一次牛排，改爲二星期吃一次，到後來每星期吃一次。然而，因爲吃牛排的次數變多了，吃牛排對他來說已沒那麼具有吸引力了，到最後他可能仍是回到每個月吃一次牛排的習慣，改變的可能是他吃一客牛排的價位從一客200元變成一客1,000元。

因此，如果有100人，每人平均收入10,000元，這些人各消費了8,000元，整個市場的消費合計800,000元。但若變成一個人獨有500,000元的收入，其他99人的收入合計500,000元，縱使這99人將收入全部花光，而收入500,000元的人卻僅消費了50,000元，那麼市場的總消費量就僅剩下550,000元，相較於先前800,000元的消費量，足足少了31.25%。可見當財富集中程度越高，市場消費衰減的力道就會越大。

由此可知，財富越集中則貨幣使用率越低，財富集中往往是阻礙經濟發展的關鍵因素。

經濟小語

要讓經濟持續繁榮發展，就必須避免財富過度往少數人集中，並採取適當的方式來平衡財富的流動方向。

第七節　是誰擋住經濟發展

活絡市場的關鍵

諸多經濟文獻皆有提到，貨幣使用是人類經濟發展的重要關鍵，使用貨幣的好處與影響，在許多經濟文獻中都有十分詳細的說明，這裏就不再贅述。過去經濟學家所提出關於貨幣使用與經濟發展的內容，大抵可以得到一個結論，經濟發展越迅速，就越需要貨幣來活絡。市場需要一定貨幣的數量來完成各種商品的交易。貨幣的使用量越大，市場就越活絡，經濟發展也就越好。

舉個簡單的例子來說明，假設在1個市場中，只生產了1個蘋果，而且發行了100元的貨幣。在正常的情況下，這個蘋果價值100元。如果生產了2個蘋果，這2個蘋果的價格就會等於每個50元（100元除以2個蘋果）。所以，隨著商品的產量增加，社會也必須適時地增加貨幣供應，要不然就會發生通貨緊縮的現象（蘋果價格從

100元滑落到僅剩下50元）。

如果市場中販售的蘋果從1個增加爲2個的時候，市場中流通的貨幣也跟著從100元增加到200元時，那麼蘋果的價格還是會跟過去一樣，每個售價100元。若是蘋果從1個增加爲2個，但貨幣數量卻增加更多，從100元增加到300元時，「貨幣增加的速度超過商品增加的速度」，蘋果就會變爲每個150元（300元除以2個蘋果），這時候就發生通貨膨脹的現象（蘋果價格從100元漲到150元）。

在經濟發展的過程，隨著商品生產數量增多，政府也會持續地提高貨幣的供應量，以滿足市場交易的需要。然而，各國發行貨幣量有時會有一定的條件限制。所以，政府不可能無限制地任意發行貨幣，假如無限量的持續供應貨幣，因貨幣需求遠小於供給的關係，最後將導致嚴重的通貨膨脹。

爲何從繁榮進入衰退？

爲何經濟發展一段時間後（約30年），經濟就會開始呈現衰退的現象？這難道是因爲貨幣發行量不足所導致？還是其他的因素所造成的？問題的關鍵就在於財富集中程度過高，導致貨幣使用的效率大幅降低。當財富過度集中時，少數人占用社會大量資源，貨幣流出市場速度遠大於政府的供給，使得市場流通資金大量減少而造成市場的衰退。當大量資金停留在少數人手中，又無適當的管道將這些資金導入市場，市場中的流出資金大於流入，市場缺乏足夠的資金運作，才會出現衰退的現象。因此，經濟發展受限的最根本原因，莫過於財富的集中，而財富集中程度越高，貨幣使用效率就會越低。

發明貨幣的本意是用來促進商品交易，以帶動經濟的繁榮，人們因爲所得增加，所以願意生產更多的商品，讓市場有更多種類的商品選擇。假設市場本來需要100億的貨幣流通，但因財富的集中，使得貨幣流通量降爲90億，那麼所減少的10億，就會使市場受到影響，不論是商品價格，或是商品數量都會跟著下降。此時廠商的利潤降低，就會使廠商減少生產，以及降低員工的僱用。隨著財富越來越集中，市場中流通的貨幣也越來越少，商品價格、數量與員工僱用人數、薪資也會一起跟著下降。

爲何說貨幣流通量的減少，將使市場受到嚴重的影響？舉例來說，假設1個市場裏有10個產業，平均享有市場中流通的貨幣。假設這個市場的消費量爲100億，這代表市場裏這10個產業，每個產業平均可分得10億。但若是市場流通的貨幣量降爲90億，這表示每個產業能分到的錢就會從10億降爲9億。雖然現實中不是各產業平均享有市場的消費量，但整體市場減少貨幣流通，就會使各產業或多或少受到一定程度的影響，商品需求下滑，商人則必須降價求售，或是降低僱用來因應收入的減少。

在經濟發展的過程中，貨幣發行量雖會持續地增加，但卻抵不過財富集中所帶來貨幣使用率下降的問題。在貨幣發行量有限的情況下，貨幣使用率的持續下滑，就會讓經濟開始陷入衰退，甚至走向蕭條。

經濟小語

在經濟發展後期，財富嚴重集中，貨幣使用率大減，市場十分低迷，造成不景氣與許多嚴重的經濟問題。

第八節 勝者爲王，贏者全拿

99%的人被1%的人奴役

看似公平的競爭制度，其實背後隱藏許多不公平的遊戲規則，而制定規則的人大多擁有龐大資本，或是背後有富人在支持。所以，不斷修改遊戲規則的結果，到最後擁有資本，等於擁有這個世界的一切。在資本主義制度下，表面上法律保障所有競爭者公平的競爭環境，但實際的遊戲開始後，擁有龐大資本的人就會永遠處於最有利的競爭條件。因爲資本多的人可以比別人更容易獲得土地、勞力、技術與設備等，可以用較低的成本來與對手競爭，可以用遠低於對手的價格去搶占市場。資本雄厚的人可以用無數次的失敗去換來最後的成功，而資本不足的人卻幾乎是失敗後，就再也無法爬起來。在商業競爭中，有許多例子是大廠利用資本，長期以偏低的價格來打垮對手，一般廠商無法承擔長期的虧損，只能默默接受從市場中退出。

在自由放任的市場中，資金雄厚的企業幾乎全是市場中的勝利者。所以，各行各業到最後，大多數的市場份額都會被少數幾家資金雄厚的廠商給占有，僅剩小部份沒有開發價值的市場份額給一些小廠商分食。

資金雄厚的人可以利用龐大的資金設下競爭障礙，不論是在價格上或是技術上，一般廠商都難以與之抗衡，只能退而求其次去尋找大廠所忽視的市場。若想與大廠正面競爭市場份額，資金雄厚的廠商只要以壓低價格的方式來取得銷售優勢，一般廠商在規格與技術無明顯優勢的情況下，很容易就被這種價格戰給壓垮，小廠根本很難有立足的機會。長期下來，充滿惡意的競爭環境造成大者恆大的結果，只要廠商的資金夠雄厚，幾乎很難被一般廠商給打敗。他們資金優勢不斷地創造各種有利於競爭的條件，經過市場長期不斷地刷洗淘汰後，最後市場成爲大廠獨享或寡占的局面，而這種獨占與寡占市場，便是資本主義制度下必然產生的結果。

如果大者恆大的論點成立，那麼爲何有時市場較常出現的情況是寡占市場，而非單一獨占的市場局面？市場應會最後僅被一家資金最龐大的廠商給獨占才對，怎麼會演變成由幾家大廠共同占有市場的局面？

這種現象就有如囚徒的困境一樣，最大的廠商與次大的廠商規模，如果兩者實力相差十分懸殊，比方說60比10的比例，那麼大廠確實可以用壓低價格的策略來打垮第二名的廠商，以獲得全部的市場份額。但有時最大的廠商也無法以壓低價格的方式來打垮對手。這是因爲就算廠商規模再大，有時也無法滿足全部市場的需要，而這些需求無法被滿足的部份，就是其他廠商積極爭取的對象。另一方面也是因爲有時想要占有全部的市場份額，會因爲成本過高或是代價太大而放棄部份的市場，這些部份就等於送給其他廠商去爭取。

資本主義市場最後會形成寡占市場的另一個原因是，如有其他廠商想進入市場，已占有多數份額的廠商會聯合起來阻礙。所以，在每個產業中，大廠之間的互動幾乎都存在著競合關係，若非市場環境發生重大變化，少數大廠寡占局面幾乎不會改變。

上述的現象可用下面的例子說明，假設A廠商規模最大，擁有60%的市場份額，B廠商規模次大，擁有30%的市場份額，其他廠商只分得10%的市場份額。A廠商取得60%的營收，明顯地超越B廠商30%的營收，A廠商可以利用比B廠商多出30%營收的資金，來創造出更多有利的競爭條件。但B廠商本身也有一定的經濟實力，也有足夠的力量與A廠商抗衡。這就造成了以下情況：A廠商若想從B廠商那裏獲得更多的市場份額，A廠商則必須以很大的代價來搶占市場，其結果可能不見得對A廠商有利，甚至可能賠了夫人又折兵。相反的，B廠商若想以自身的實力去搶攻A廠商占有的市場，B廠商的動作可能會引起A廠商的強烈反制，最後反而造成B廠商經營上出現問題。所以在雙方皆無絕對優勢的情形下，利害權衡的結果，雙方會暫時維持現狀互不侵犯，到最後就形成了寡占市場的局面。

接著說人民所得的部份，一般民衆每月能獲得的薪水十分有限，扣除居住與日常生活開銷便已所剩無幾。所以，一般人若只依靠薪水收入，將來能夠買房或是自行創業的人幾乎是寥寥無幾，更別奢望將來享受退休生活。每個企業裏總有領高薪的人，這些人比一般人有更多的機會獲得財富，也比一般人有機會自行買房或是自行創業，然而在這些受薪階層當中，能夠擁有財力買房的人所占比例可是少之又少，想想一般企業裏會有幾個董事長和總經理，就可知道受薪族群中，真正賺很多錢的比例是相當低的。

不論是市場的份額分配，或是一般受薪階層的薪資分配，都是極少數人才能獲得大多數的資源，而一般人所能得到的，幾乎只能維持自己生活所用。若想從不佳的競爭環境條件，累積實力往上爬，幾乎難如登天。所以資本主義盛行的年代，這個社會就已經畫下少數人壟斷的局面。

房奴社會的形成

富有不是罪惡，但擁有太多財富以致影響到多數人的生活條件時，社會制度就有改良的必要。許多人致富後，便開始致力於收購房地產，並不斷地養房炒房。房地產受限於土地數量有限，房地產價格就如同滾雪球般越滾越大，一般民衆根本無法負擔這樣的價格條件。一般人買不起房，只能一輩子租房子過日子，或是背負龐大房屋貸款，養一輩子的房貸。這種生活模式，就如同過去的佃農，非得繳交龐大的佃租才能耕種，如今的社會也是一樣，少數人占有多數房屋，以高到不合理的租金，租給多數買不起房的人，過去有農奴，而現代則到處都是屋奴。

表面上看似社會上衆人各取所需，自願以高價貸款購屋，並非是被人強迫購買。但仔細回想，若無一個可供居住的地方，民衆又如何能找工作與生活？居住空間也算是生活的必需品之一，卻被少數人當成牟利的工具，政府甚至教育人民，將房地產視爲經濟的火車頭產業。房屋每次交易都有大量差價被富人或建商賺走，這些人要嘛就是賺買賣價差，要嘛就是收取大量的租金，這些人從房地產中獲得大量利益，而一般人完全無法從房地產上受益，甚至被迫每個月要繳納所得的四分之一以上，才能擁有居住的空間。一般人根本沒其他的替代方案，只能接受這種按月繳租的生活方式。

這種以多數人的居住空間當作獲利工具的模式，使大量財富逐漸落入少數人的口袋中。當財富被少數人集中後，市場中流通的貨幣不斷地縮水，經濟就開始走入通貨緊縮的循環。此時，廠商利潤減少，開始降低僱用人數，失業人口增加，薪資水準下滑等。這些富人在房地產中賺到的大量財富，此時就能以比過去更低的價格水準，來購買同樣的商品與服務。但對一般人來說，同樣的勞力付出卻得到越來越少的薪水，這樣的社會運作模式，何嘗不是一種奴役性質的社會模式？

當財富過度集中後，市場運作模式開始發生轉變，政府機構背負龐大債務，自身難保，甚至連社會福利都無法負擔，社會開始進行淘汰機制。如同故事書裏寫的內容一樣，兔子或老鼠因繁殖過剩，當開始出現糧食不足時，就會因爲生存問題而自相殘殺。人類社會亦是如此，當社會未提供足夠生存空間給個人時，無法生活的人就會因爲生活困境而走上絕路。擁有財富本身沒有錯，但錯就錯在社會沒有合理的機制來調整財富集中的問題，而使得經濟倒退，讓多數人生活陷入困境。

勝利永遠屬於少數人

在龐大財富的支撐下，原本公平的競爭，最後都會變成不公平的局面。資本主義的體制是勝者爲王、贏者全拿的遊戲規則。只要牽涉到競爭，彼此之間就一定會有成功與失敗的差別。成王敗寇這件事，原本沒有什麼可供辯論的地方。然而，若在競爭規則上有所缺陷，形成勝利者永遠屬於少數人時，身爲人類的我們，應該認眞思考，這種只讓少數人成功的遊戲規則，是否有進行調整的必要？

資本主義下的遊戲規則，就是以大量的資本無限制地賺取財富。所以任何妨礙資本集中的規定，都會被這些富人們給設法排除。他們以各種方式，一方面影響正常的法律運作，另一方面設法影響立法者來改變遊戲規則。所以，到最後所有可以平衡財富的機制，都一個一個地被剔除，財富不但毫無止境地向少數人集中，甚至變成世襲，代代延續下去。如不能改變富者恆富這樣的遊戲規則，所謂的民主自由，只不過是一種欺騙百姓，有如國王的新衣一樣的笑話。

如果人類只能像動物那樣，只能為了生存，不停地工作，那麼人類與動物兩者之間似乎沒什麼差別？

社會制度的建立，是為了讓群眾能夠充份發揮互助合作的精神，以互助的方式，來減少個人在維繫生活條件上面所消耗掉的時間。然而，社會制度經過幾千年的發展，到最後民眾卻依然要浪費大量時間，才能有足夠的條件來維持自己的生活水準？

縱使需要靠努力才能獲得報酬，是一件天經地義的事，但若是工作再努力也無法獲得足夠的金錢來滿足生活所需時，就不禁令人懷疑整個社會體制是否出了什麼問題？為何有人一出生就可以過著富足的生活？這些人不用工作，就可以享受著奢華的生活？相較之下，有許多人只想找份穩定的工作，甚至連工作機會都沒有？

政府習慣將失業歸責於個人因素，將失業的責任推給不努力的結果，是整體大環境不佳才造成的，這樣一來，政府似乎永遠不需要承擔失業率偏高的責任。如果一個政府對社會問題，都是用這樣消極的態度來處理，那麼這樣的政府是否還有繼續存在的必要？當在工作場合，幾乎都是學非所用的員工時，難道只能責怪個人唸錯科系才會誤入歧途？當企業獲利再多，也不願爲員工加薪時，難道政府的立場只能站在旁觀者的角色說明，薪資是市場機制，政府沒有改善薪資結構的責任？

社會運作最大的缺陷，在於資源分配者若有不公平的偏頗，就會造成財富集中，貧富差距惡化。少數人可以透過立法或是各種行政手段，不斷強化有利自身的財富結構，並獲取大量的資源，一般民衆卻很難享受到經濟成長的果實。財富結構快速惡化不是沒有原因的，政府資源分配極端不均衡，造成財富快速地往少數人身上移動。政府常以各種名義，將資源大量分配給少數人，賺錢後，這些人也無任何回饋社會的責任與機制，以上種種都是造成財富結構惡化與經濟停滯的主要原因。

經濟小語

資本主義社會是富者恆富的社會，以財富爲基礎，再繼續擴大財富。

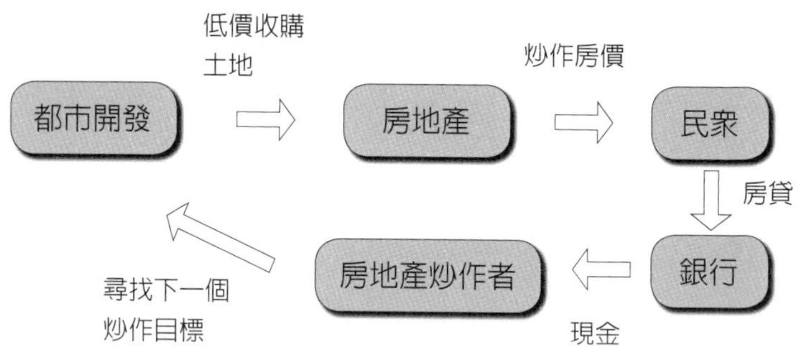

圖1-2　房奴社會形成圖

〈房奴社會形成圖〉說明：

政府先對地區進行都市開發，特定人透過關係得知政府開發項目與地區，先以大量資金收購當地的土地，並在上面加蓋了大量的房屋。隨著公共建設的完成，當地房價快速上漲，民眾受到公共建設便利的吸引而大量進住，這些購房民眾向銀行貸款買房，大量現金則落入少數人手中。然後，這些購屋民眾要用一輩子的時間償還購買房子的錢，成了名符其實的房奴。

第二章

現代制度的缺陷

第一節 競爭還是鬥爭

資本主義以競爭爲本質

達爾文曾在〈演化論〉中提出「生物競爭，適者生存」的概念，原本動物間競爭的規律，卻也適用於人類發展的歷史。在資本主義的體制中，處處顯示著競爭是這個社會的最大規則。競爭雖能刺激發展，發揮人類求生的潛能，並帶給有能力者高額的報酬，但是當所有資源已分配完畢時，競爭制度就會演變成可怕的鬥爭制度（競爭與鬥爭在意義上相似，但有程度上的差異）。

過去歐洲進入海洋時代，各國爭相進行地理大開發，並以各種手段來拓展殖民勢力，等到所有土地與資源都被各國給占據後，後來者無法再得到土地與資源，此時唯有向先前已發展的勢力進行爭奪。

從商業的角度來說，就像過去從未出現像手機這樣的商品，這種劃時代的科技商品一開始推出，就如同像哥倫布發現新大陸那樣，各個手機商都能獲得極大的市場與利潤。由於市場規模龐大，每家廠商皆竭盡所能地向市場推銷。等到市場漸漸飽和後，商品利潤開始下滑。廠商爲了在市場中占有一席之地，只能以大量的促銷方案來爭取市場。這樣的競爭模式，就如同歐洲各國爲了搶奪殖民地而相互攻擊的情形一樣。

我們可以清楚發現，競爭本質上就隱含有攻擊的性質，競爭雖會爲社會帶來進步的動力，但當發展到了一定階段時，彼此間會開始相互攻擊，以獲得更多的利益。所以競爭可以爲社會帶來進步，卻也同時帶來彼此相互攻擊的後果。

人類無數的發展史亦是如此顯示，在發展初期，大家各憑本事各自發展，但到了已無土地與資源發展時，爲了獲得發展空間，就會進入彼此相互攻擊的階段。所以，當社會多數財富集中少數人手中，多數人無足夠的生存條件，彼此就會開始進入相互攻擊以謀求生存機會的惡性競爭。在爲了獲得更好生活條件的前提之下，人類浮現各種醜陋的行爲，只要是有利於自己的，都會想盡辦法不擇手段去取得。所以，在資本主義以自由競爭爲號召的體制下，人性善惡將被嚴重挑戰，爲了謀生，人性醜惡的一面將會不斷地被突顯出來。

過度競爭帶來傷害

一方面什麼都沒有的人，會想盡各種方法來獲得利益，另一方面既得利益者亦不會白白放棄自身好處，總會想用各種方法來阻止其他人進入市場。在競爭白熱化的市場中，已不是商品價格到底合不合理的問題，而是商品究竟能否順利出售的問題。尤其在競爭非常激烈的科技商品市場中，只要能夠順利出售商品，有時就算遠低於生產成本，也會毫不考慮的出售，因爲這些商品如果過時了，沒多久時間就會變得一文不值。過度競爭的結果，導致商品價格快速下滑，多數廠商無利可圖，甚至大幅虧損。

表面上，消費者可以從商業激烈的競爭中，獲得商品跌價的利益。但若深入思考，如果各行業普遍獲利不佳，甚至於虧損，那麼企業勢必尋求各種壓低成本的方法，如壓低進貨成本、調低員工薪資來應付損失。各企業的員工也是市場裏主要的消費者，消費者在商品價格下降中獲得的利益，卻在另一個身份員工中，受到薪水下調的影響又吐了回去，到頭來不但未蒙其利，反而還在市場衰退中受到更多的損失。

經濟小語

在互相爭奪、勾心鬥角的競爭模式下，只會讓人性的本質不斷地惡化，不但無法推動經濟發展，反而衍生出許多社會事件，難道人類發展只能以這種模式來進行？

第二節　惡性競爭的資源浪費

無止境的資源浪費

資本主義追求自由競爭，強調只要市場不受到外力干擾，就算市場有時出現失衡的情況，也會自我調整恢復正常運作。然而，放任自由競爭的結果，不但沒有如眾多自由經濟學家所宣稱的那樣自行回復正常，卻反而出現各種破壞市場的壟斷現象。

放任式的自由市場，從一開始就是弱肉強食的不公平競爭。個人與企業在先天上本來就有十分不同的差異，資本雄厚的人在自由市場下，可以用各種資本優勢來取得利益。這些企業不斷地以各種手段對付其他弱小的廠商，對市場正常運作以各種方式來干擾，甚至以不公平的手段逼迫其他廠商離開市場。由此可知，在自由競爭制度下，資本規模較小難以與資本規模龐大的廠商競爭，一般中小型廠商根本難以生存。當市場份額大致分配底定後，就出現了大者恆大，強者恆強的市場局面。

學者強調市場機制是藉由市場自然調整來平衡市場的運作模式，但這些說詞不過是片面之詞。因為任何一個不受管制的市場，便是任由市場從相互競爭走向完全壟斷。在某些管制之下，市場尚且形成壟斷局面，更別提在一個完全不受政府與制度控管的市場，會形成什麼樣的局面。在多數情況下，不受管控的市場將會走向由資金雄厚主導規則，與掌控價格機制的市場。

在自由開放的市場裏，少數人以雄厚的資金不斷地擴大經營觸角，並無限制地獲取財富與資源，最後造成社會貧富差距擴大，社會財富極端不均衡。財富高度集中的結果，使民眾普遍缺乏現金消費，社會消費力快速減少，嚴重傷害經濟的正常運作。

1%人口控制全球40%財富

聯合國一項大規模的全球財富分配調查研究指出，全球最有錢1%的人口，控制了世界40%的財富，全球半數的人口，則僅擁有全球不到1%的財富。跟先前所舉的例子一樣，當一個人的財富大量增加，就會造成其他人收入大幅減少，縱使富人增加消費，也彌補不了多數民眾因所得降低而減少消費的部份。

歷史中層出不窮的戰爭與革命，多數來自於財富結構的嚴重失衡。在民眾生活已相當困苦的情形下，如再出現嚴重天然災害，連基本的生存條件都難以維繫時，只好號召再來一次徹底改變社會結構。

在自由競爭市場中，產業總是過度發展，廠商爲了尋求獲勝的機會，不斷推出各種商品，以吸引消費者的目光。到最後產品過剩，一大堆沒人買的，大家汰換的商品通通都被丟入垃圾場，資源浪費早已變成習慣與常態。雖然市場機制會自動淘汰能力不夠的廠商，不過在廠商被淘汰之前，各種資源早已不知被浪費掉多少。淘汰機制雖一直在市場中進行著，然而有許多不適合繼續存在的廠商，卻以市場集資的方式來拖慢被市場淘汰的命運。原本應該倒閉的公司，卻能利用股票市場與銀行籌資來延續企業，而這些企業所生產出來的商品卻又乏人問津，被用來生產的資源就這麼白白浪費掉。

過度的產業發展不但消耗大量的資源，更在廠商倒閉後留下許多過剩的人力。當廠商被市場淘汰後，這些廠商的員工又將何去何從？一個人一生的精華時間有限，在40歲以後，若想再轉行到別的公司，在現行的社會體制下，絕大多數的公司寧可找20幾歲的新鮮人，也不可能找40幾歲的中年人來從頭學起，所以轉換跑道實際上幾已變成一種奢望。市場淘汰廠商的同時，也淘汰掉許多失業的員工。

在號稱自由民主的國家中，政府放任廠商自由搶奪市場、自由擴張地盤，但政府卻從未想過競爭過後所遺留下來的問題。大量財富被少數人占有，卻將大量社會問題丟給政府與民衆，在自由競爭體制下，似乎絲毫沒有一點社會道德與責任，失業與資源浪費等社會問題，最後都丟給民衆來承擔。市場機制雖能爲民衆帶來商品降價的好處，但生產過剩帶來的市場衰退與失業率上升等問題，亦是由所有民衆來承擔。

經濟小語

是否有人曾想過，人類永無止境地盲目生產，究竟是爲了什麼？

第三節　自由競爭的風險

資本主義的民主是披上羊皮的狼

資本主義強調自由競爭，可以讓資源以最有效率的方式運用。資本主義者認爲在自由競爭制度下，可以讓無效率廠商自動退出市場，最後市場上僅會存在生產效率高的廠商（簡單地說就是弱肉強食、適者生存）。商品會以最有效率的方式生產，可以讓社會擁有更佳的資源回報率。市場秩序不需要制定規則來規範，市場機制就能自動調節所有不正常的運作，最後讓市場恢復正常運作。

然而，眞實情況並非如資本主義者宣稱的那樣，放任資本自由發展的結果，市場機制已無法自行調節不正常的運作，反而變成任由少數人操控市場價格，最後壟斷整個市場。任何不受管控的自由市場，到最後都會淪爲被少數人掌控與壟斷。一些企業在市場上取得絕對優勢後，開始以不公平的條件來阻礙對手進入，影響市場活動。當所有競爭者都被有效地排除在外後，企業就會開始操控市場價格獲取暴利，最後整個社會都成爲犧牲者。市場因受到少數人以各種方式壟斷，最後反而成爲無人競爭的無效率市場。放任市場自由發展的結果，大多到後來都被少數人以各種手段阻撓市場機制的進行，最後使市場機制蕩然無存。

資本主義發展到後期，市場機制會受到少數人運作的影響，而失去應有調整機制。社會上各行業浮現一個又一個的獨占與寡占企業，市場運作開始走向無效率。到頭來不僅影響整體經濟發展，亦影響一般民衆的正常生活。

資本主義內容很少考慮負面的人性影響，在不受政府管控的市場裏，擁有大量資本就會成爲市場的主宰者，市場運作很難不受其影響與操控，市場機制受其嚴重的干擾，並以各種方式來妨礙競爭，競爭者最後慢慢從市場中消失。市場自由競爭最後淪爲口號，缺乏競爭者的市場早已不是正常的市場，只能任由壟斷者任意剝削大衆的利益。

資本主義部份內容充滿矛盾，不受限制的市場只能夠在經濟發展初期看出成效。一旦企業逐漸龐大，資金累積到一定數量後，這些企業就會開始以手段來妨礙競爭，自由競爭的機制也就不復存在。這也是爲何資本主義每經過一段期間發展後，反壟斷、反托辣斯等法案，反而會出現在一些原本大力鼓吹經濟自由的國家。因爲若放任少數企業不斷地掠奪市場，最後整個國家恐將納入少數人的手中。

除非人類擁有無窮盡的資源，否則在有限資源的環境下，不斷地被集中的結果，最後經濟將缺乏資源繼續運作。

經濟發展的陷阱

觀察每個經濟快速成長的國家，資本主義在發展初期，的確發揮了效果，讓這些國家以最快的速度發展。但不幸的是，高速的經濟增長卻僅能維持20～30年的時間，然後便開始落入經濟發展的陷阱。

這是因爲每個經濟高速增長的國家，背後都有其特定原因提供發展的動力。當這些成長因素消失後，經濟就會開始落入停滯與衰退的陷阱。

以美國爲例，經濟開發初期因大片土地尚未開墾，大量移民願意攜帶資金進入發展，這些墾荒者大量移往西部開拓，也直接帶動美國本土的各種商品需求。由於美國西部土地遼闊，開墾需要一段很長的時間才能完成，所以當時美國可以維持很長時間的經濟增長。

比如說日本，經濟快速發展初期，起因於市場缺乏同類低價商品競爭，日本大舉進口原料，加上日本本土廉價的勞工，大量製造各種物美價廉的商品，然後輸出到世界各國，快速搶占全球市場。然而，當日本賺取大量外匯後，日本國內卻因不斷地炒作房地產，拉高其國內的勞工成本，再加上歐美等國大力主張日圓升值，造成日本的商品失去價格優勢，從而使日本對外出口大幅下滑，並失去大量的市場占有率。類似日本這種以出口爲導向的經濟體，經濟快速成長的階段，大多僅能維持20～30年左右，其後便因爲房地產炒作，房地產價格高漲，使國內生產成本大幅上漲而失去競爭優勢。如從開始就避免房地產過度炒作，相信日本的經濟成長區間還能夠持續維持下去。

大多數國家都會面臨一種情況，那就是企業生產商品出口並大量賺取外匯後，卻又回頭在國內進行房地產的炒作，最後導致國內物價與生產成本大幅上漲，到頭來反而失去競爭優勢。當這些人炒作完畢，將國內財富搜括一空後，這些國內企業又將搜括來的大量資金移往海外設廠。在國內留下的，僅剩高不可攀的房價，以及因工資水準過高而大量失業的民眾。

的確，資本主義主張自由競爭，可以爲社會帶來進步動力，但不受限制的自由競爭市場，最後卻反而形成另一種形式的奴役社會。多數民眾被高不可攀的房價壓到喘不過氣，每個都市居民都必須付出昂貴的生活成本，而這個結果亦是放任市場自由炒作房地產所造成的。一般民眾光靠薪水只能維持基本生活開銷，至於將來如何度過退休生活，則是連想都不敢想。所以，日本會出現老人犯罪率大增的情形，都是因爲房地產過度炒作所造成的。那麼我們到底是基於什麼樣的理由，才會讓社會以這樣的模式發展？

供需失衡的浪費

資本主義雖有效利用各種資源，同時也大量浪費資源，如各種礦產、動植物、農作物等，到後來都出現供需失衡的情況。企業爲了有效降低成本而不斷地擴充規模，用大量的資源生產商品，一堆用不完的、賣不出去的、不想用的，最後都成了社會資源的浪費。

自由市場的效率雖然可以降低生產成本，但另一方面卻也造成資源的持續浪費。企業無視於市場是否已達到飽和，只要有利可圖，就會持續不斷的生產，直到自己或競爭對手被市場淘汰爲止。

資本主義下的企業，是完全的利己主義，企業的各種行爲很少考慮到社會成本的問題，也無視因企業行爲帶來額外的社會成本，只要有利可圖，不論浪費多少社會資源，都不會在企業經營的考慮範圍內。所以，放任企業自由競爭的結果，只會造成社會資源嚴重的浪費，使我們有限的資源大量減少。雖然自由競爭有時能爲企業帶來龐大商機與利益，但他們卻從未考慮後續引發的社會問題，大多數企業最終都是將這些社會問題，丟還給民眾去承擔。

從人力資源的角度來說，企業會將成本偏高的、不適合的或是具有可替代性的人，以精簡人力成本的方式大量地裁減掉，這些失業的民眾回到社會後，就形成另一種問題。最明顯的是各國普遍出現中高齡失業現象，這些中高齡的失業者除非本身具有非常強的專業能力，或許會有少數企業願意聘用他們，而其他專業性不夠的人，不論想繼續從事本業或是想轉行，都面臨沒有企業願意僱用的窘況。政府部門似乎從來看不到中高齡失業的問題，造成這些人一旦被裁員，就會面臨找不到工作，生活無以爲繼的情況。

一次又一次產業革命，就是一次又一次的人力淘汰賽，被企業丟棄不用的人，若連生存的機會與空間都失去了，這難道不會成爲嚴重的社會問題來源？更何況有些失業者也是家庭經濟的主要支柱，一旦他們失業的話，家庭內的成員生活都會受到很大的影響。經濟發展後期，因爲機械進步的關係，人力需求大減，各國普遍出現人力過剩的問題，企業不想花錢培育員工，沒工作經驗的新鮮人找不到合適的工作。市場因競爭的關係，企業不斷精簡人力與裁員，失業率隨著經濟發展不降反升，最後企業精簡人力的成本卻全丟回給社會，留下大量失業者與社會問題。

難道我們應該任由失業者自生自滅？還是應該有什麼方式來幫助他們可以更順利的找工作？不會因爲年齡問題而被企業拒於門外。企業在賺錢的同時，或許也應該督促他們肩負起一定的社會責任！

舉個簡單的例子說明，假設1個國家裏有100個人在企業工作，然後因企業引進機械化設備使效率提升，所以這個國家內的企業變成只需要50個人力就足夠應付，那麼這些被企業裁掉不用，多出來的50個人力，只好另尋其他工作。因經濟成長的關係，有一些新興行業需要人力營運維持，所以這多出來的50個人也找到了其他不同的工作。

然後，隨著消費市場逐漸飽和，廠商利潤降低，基於成本考量，企業開始不斷裁減人力。當所有的企業都減少了人力，這個國家裏所有的企業只剩需要60個人力就足以應付日常經營，那麼剩下來的40個人（原本100個人）要何去何從？哪裏還會有工作機會給他們去做！

令人感到納悶的是，政府經常會刻意宣傳失業率提高是結構性問題，也是普遍現象。找不到工作只能說是個人能力有問題，以及這些人不肯低就才造成失業，種種說法都表明政府在處理失業的問題上是非常消極，只要失業問題沒有大到足以影響選舉，政府部門是不會花心思去關心這些找不到工作的人。政府經常把責任推得一乾二淨，甚至還回過頭來指責那些找不到工作的人好吃懶做。如果政府連照顧人民的責任都沒有，那麼人民還需要政府做什麼呢？

經濟小語

主張自由競爭的資本主義，雖然帶來進步動力，但在不受限制的市場，終將出現反噬的風險。

第四節 馬克思的假公平

齊頭式的平等只是表面的假象

大同世界無法獲得實現的根本原因，在於財富集中的問題因爲繼承的關係，無法隨著時間經過而獲得調整。當財富集中問題越來越大，資源全被少數人給壟斷時，生活壓力大到無法生存的人，就會站起來革命，將過去既有的社會結構推翻，以一種新的模式繼續進行。歷史中不斷發生各種大大小小的革命，皆起因於民衆的生存空間嚴重受到壓迫，在別無選擇的情況下，只能站起來推翻原來的既得利益者，才能獲得繼續生存的機會。

所以，每一次財富大量集中，貧富差距非常巨大，一般民衆生活已經很艱困了，又遇到天災人禍，民衆根本難以生存時，就離再次革命的時機不遠了。然而，如讓我們仔細審視，每一次革命改朝換代過後，財富結構雖然重新洗牌，但財富嚴重集中的循環卻又再次上演。而人類始終都在革命、財富洗牌、財富集中、天災人禍民不聊生、再次革命等事件中不斷的循環。財富集中的遊戲一次又一次循環，然後一次又一次革命，難道人們對這樣的循環不會感到厭煩？還是人類始終樂此不疲？難道我們找不出任何可以解決財富集中問題的方法，還是我們早已有了解決的方法，卻故意避而不談？

財富集中的最重要關鍵，在於財富累積可以透過繼承無止境地延續下去。含著金湯匙出生的人，從一開始就擁有比他人更好的生活條件，長大後再以父母所給的財富，將財富的累積再進一步擴大。長期下來，在財富與社會資源有限的情況下，少數人不斷地累積財富，將使其他人的所得縮水，並影響到多數人的生活條件。縱然多數國家在法令上，都有所謂的遺產稅、贈與稅等改善財富集中的規定。但這類改善財富集中的相關法律，卻經常被少數人透過各種方式，來影響甚至左右立法者修改，不斷地將遺產稅、所得稅與贈與稅等課稅比例往下降，最後政府在這些擁有龐大財富的富人身上所課到的稅，與實際他們身上眞正擁有的相比，簡直是九牛一毛，課稅對他們來說根本不痛不癢，完全失去平衡財富分配的效果。

檢視過去無數次戰爭與革命發生的原因，幾乎皆來自於財富極度不平均所造成的。人類是群居的生物，大部份的食、衣、住、行、育、樂等基本生活所需，都需仰賴分工合作才能完成。如讓少數人不斷集中並壟斷資源，資源的分配就會失衡，並影響到經濟的正常發展。

同一個政府底下，處於同樣的生活環境，卻有著從出生就存在的種種不平等。難道人與人之間應該自始就存在不公平的區別？還是不平等的生活模式是少數人精心設計的結果？人類在制度設計上，難道無法避免不平等的生存模式？

在已知的環境中，唯一能讓人類生存的環境只有地球一個，地球上的土地面積有多少，早已可以被精準的計算出來。由於在一定距離範圍內的都市土地十分有限，只要能夠確實掌握這些有限的都市土地，就可以獲取十分龐大的利益。一般人大多數的工作所得，都繳納給這些在有限土地上玩花樣的人。因爲這群人在提供大量工作機會的都市裏，不停的收購與炒作房地產，就可以源源不斷獲得龐大的財富。一群想到都市找工作的人，爲了生活不得不接受高昂的生活費用，居住永遠占去這些人大半的薪水。大量的工作機會帶來大量的求職者，並帶動龐大的居住需求，少數人便是利用都市土地的侷限性與稀有性來謀取暴利。

從過去的歷史中可以發現，每一次革命前的社會狀況是，多數土地集中在少數人的手上，而佃農必須繳納高得嚇人的租金才能繼續耕作。所以，地主可以對佃農予取予求，佃農們根本無力改善所得被無止境剝削的命運。有時發生天災，土地收成不佳，這些地主就會強迫繳不出租金的佃農，簽下驚人利息的借據，然後更變本加厲的剝削他們。當到了最後連一點生存空間都找不到的時候，這些農奴們只能選擇走向革命，來強迫社會改變財富分配的結構。每一個財富集中的社會，都是一種奴役式的社會，少數人藉由對土地的控制，強迫民衆必須支付大量的勞力所得。就算在民主富裕的社會裏，這種剝削現象也如影隨形地一直在上演。

扭曲的資源分配

互助合作是經濟成長的重要動能，但卻有一群人只顧著想辦法集中財富，完全不去考慮財富過度集中後所帶來的各種社會問題。縱使曾有改善財富集中的法律，最後也會被這群人以各種手段來修改。他們利用關係影響立法者，改變原來的遊戲規則，讓他們的財富可以大量地保留給後代，使財富集中變成一種合理的行爲。

人類社會經常會形成資源分配極端扭曲的環境，德國思想家馬克思面對社會種種的不公平，提出了他的改善方法。然而，馬克思的理論不但沒有改善財富結構，還成爲少數人奪權的有利工具。馬克思所提出的理論雖然立意良好，但該理論卻始終存有根本上的問題，看似公平的分配規則，實際上卻造成了不公平的結果。齊頭式分配方式，是一種不管勞動付出程度，不分青紅皀白的分配方式。以不論工作的貢獻程度，所有人都必須平均分配的模式處理。如此的分配方式從表面上看，大衆都得到同等份量的財富，但實際上卻有許多不合理的問題被故意忽略。假如努力工作的人與不努力工作的人，都能獲得同樣的報酬，那麼誰還願意努力認眞工作來求取更好的報酬？如果再努力也只能得到同樣的結果，那麼誰還肯認眞付出？這種分配方式，無疑是扼殺掉所有人認眞工作的意願。

換句話說，如果能讓認眞工作的人獲得較多的報酬，好吃懶作的人只能得到很少的報酬，這樣才能讓願意工作的人努力工作。而不是讓認眞與不認眞的人都得到同樣的報酬，這樣才能算得上是眞正的公平。如依馬克思的想法，不管個人努力的多寡，不論個人聰明才智與貢獻的多寡，大家一律平分勞動成果，這樣只會讓社會失去積極向上的動力，最後造成大家都不願努力工作，只想著要分配到他人的工作成果，形成一種好逸惡勞的社會。所以到最後每個實施馬克思理論的國家，生產力皆出現十分嚴重的後退。

馬克思的原意雖佳，卻未充份考慮到人性的弱點，齊頭式的平等不但無助於改善社會結構，反而讓人類失去努力工作的動力。吃大鍋飯心態，不但使生產力大幅降低，更讓社會處處充滿了矛盾與不安。

喜歡收集財富是人類的一種天性，但這種天性有時亦是受到社會觀念與教育的影響。雖然財富可以讓自己未來有更好的生活條件，但是少數人收集財富的程度，早已遠超過自己可以使用的需求，財富對他們來說是越多越好。縱使本身已擁有享用不盡的財富，卻還是想不停地繼續累積。一部份是因爲人類貪婪的本性所造成，一部份則是因爲收集財富行爲對他們來說，已變成了一種習慣與樂趣。幾乎沒有人察覺到財富集中太過嚴重，將使整個社會都受到影響，不僅妨礙經濟的正常運行，更直接壓縮了其他人的生存空間。

社會若要能達到眞正的公平，就必須賦予每個人一定的生存空間與機會，讓每個人能站在同樣的立足點相互競爭。當大家在爬樓梯時，有人從地下3樓開始，有的人卻能從地上10樓開始，當然從地上10樓開始爬的人，就比較容易獲得勝利。每個人在競爭上，如果有不公平的開始，那就表示將來必然存有不公平的結果。所以，只要能賦予每個人公平發展的機會，便有機會改善社會的財富結構，以及改善整個社會的觀念與氛圍。在一種良性發展的社會底下，人類善良的一面容易被引導出來，可以讓大多數人擁有正面積極的人生態度，那麼社會就可以邁向一個全新的境界。

經濟小語

把所有人都壓成一條線的辦法，從來不是一個達到公平的好辦法。

第五節　財富幻覺

貨幣不等於財富

在人類世界中，貨幣是衡量各種商品價值的主要工具，任何商品只要經過交易之後，這件商品就算是一件「有價值」的商品。食物、衣服、珠寶、房屋等各類商品的價值，皆是經由交易而定下來的（當然，我們指的是平均價值，非指少數單一商品）。

我們可以合理的認爲，商品數量越多就等於擁有越多的「財富」，因爲這些商品出售後就可以獲得大量的金錢（商品＝財富）。因爲金錢可以購買各式各樣的商品，就會讓我們誤認爲只要擁有金錢就等於擁有財富（金錢＝財富）。所以，我們經常會將兩個等式合併，將商品＝財富，商品＝金錢，合併推論爲金錢＝財富。

然而，事實眞如我們所想的那樣？還是我們在財富的認知上有所誤解？

事實上，金錢並不等於商品，也不等於財富，金錢只是一種能增加商品交易頻率的工具。舉個例子來說，如果金錢等於商品的話，那麼過去戰爭時期，民衆爲何會不斷地提高金錢的數量，來換取生活用品？這是因爲市場中的貨幣數量不斷增加，商品價格飛快上漲，所有人都知道要在物價上漲前，趕快將貨幣消費掉，所以民衆才會不斷的拿錢出來購買商品。

一般人都知道鈔票上的數字可以用印鈔機大量印製出來，要多少數字就能給多少，而一般商品從原料到加工，再到成品，需要經過許多流程與時間。所以在鈔票印得快，商品生產得慢的情形下，鈔票在市場中越來越多，商品卻是越賣越少，物以稀爲貴，商品價格自然就不斷上揚。尤其處於戰爭時期，各種物資十分缺乏，加上道路損壞運送困難，就算擁有再多的錢也可能買不到商品。所以，如果貨幣是財富的話，在人人拋售貨幣的時候，只要是有利可圖的機會，應該會見到商人在市場中大量收購。然而實際上貨幣像垃圾一樣，被人大量地換取生活用品，並未見到任何願意主動收集貨幣的人。可見貨幣只能算是一種政府保證的價值物，而非眞正的財富。所以，貨幣明顯地不能與商品及財富劃上等號。

舉另一個例子，可以讓各位清楚明白，我們在財富上的認知究竟出了什麼問題！西班牙自2000年以後，開始大量發展本國的房地產市場，到後來全西班牙超過三分之一的人，都在從事房屋建築相關的行業。西班牙的GDP成長在那幾年內增加得很快，就好像只要拼命蓋房子，經濟就可以一直持續大幅成長。然而好景不常，2008年發生全球性的金融風暴後，美國房地產業一蹶不振，接連使歐洲、亞洲等大多數國家陷入經濟衰退，而西班牙就成了歐洲經濟倒退最多的代表，西班牙失業率在全球排名中屬一屬二，失業率高達30％以上，每三個西班牙人之中，就有一個人是失業者。

爲何一個普遍被認爲是經濟成長動力來源的產業，到最後卻成爲西班牙這個國家的夢魘？這全是因爲大家對於經濟成長有著根本上的認知錯誤。認知錯誤的主要根源，就是剛才所說的將貨幣當成財富來看待。

因爲房屋需要大量的貨幣購買，所以大量的貨幣交易促進了經濟的增長。只要能讓經濟成長，西班牙人就拼命蓋房子，以爲只要房屋蓋越多，經濟就會越好。卻完全沒想到，假如這些房子突然都沒人要的話，這些房子要賣給誰？沒人要的房子還會有價值嗎？

另一個認知錯誤，是來自於銀行的運作。各位知道房屋價格不是用一兩個月的薪水就能支付的，一般人購買房屋皆需要靠銀行貸款來支付。透過銀行的運作，可以將銀行裏的存款借給大衆來購買房屋。這樣就算一般的薪水階級，亦能夠透過銀行貸款，去購買高於自己薪水幾百倍的房屋。

GDP的錯覺

西班牙人拼命去蓋大量的房屋，再透過銀行貸款，一間又一間的賣給想買房的民眾。銀行裏不斷增加的存款數字，就是西班牙經濟不斷成長的祕密。房屋透過銀行賣給想購屋的民眾，交易價格經過一次又一次的轉賣不斷地攀升，每一間價格高漲的住宅，都變成了西班牙經濟成長的動力來源。所以，本來一間10萬歐元的房屋，可以變成20萬、30萬，甚至50萬歐元，這些住宅交易金額變成該國GDP裏的數字，最後變成西班牙的房價越高，西班牙GDP增加的幅度就越多。

這些GDP數字會讓人產生錯覺，一種財富幻覺，讓感覺到擁有龐大的財富。這種財富幻覺，時常被經濟學家拿來當成解決經濟問題的特效藥。但無疑地，這種仙丹妙藥就跟地下電台賣的膏藥一樣中看不中用，心理效果遠大於實質效果，對現實中的經濟問題產生不了絲毫的作用。

各位可以認眞思考一下，如果GDP透過反覆交易就可以不斷的增加。如果GDP是一種眞實財富的象徵，那麼我們只需要不斷地去進行這些數字遊戲就行了，根本無需努力工作賺錢。只要不斷的反覆進行房地產交易，拉抬房地產價格，不就能擁有無數的財富？今日蓋一間房子可賣100萬，明日蓋的房子卻賣了1,000萬，而這些上漲房屋的價格都被當成了經濟成長，各位覺得這中間會產生什麼樣的問題？一次又一次的房地產交易遊戲，大量地轉換成爲銀行裏存款，這些數字成了各國政府眼中的財富。然而，實際上我們除了既有的房子外，其他的什麼也得不到，這些看似存在的財富，最後亦隨著金融泡沫而變成幻影。

從財富是否實質存在的角度來討論，一間房屋不會突然增加變成二間房屋，也不會因爲房屋的價值上漲，就突然從一間房屋變成了二間房屋。房屋價格的增加，只不過是一種金錢上的移轉。銀行裏存款的大量增加，其背後亦產生大量的債務（購屋人的貸款經由銀行轉入售屋人帳戶，變成售屋人的存款），借貸之間是一比一的關係增加，最後只有銀行帳面上的數字增加（存款與貸款同時增加），實質上卻是什麼也沒增加。

然而，多數經濟學家卻將這些增加出來的數字，以各種模型與算式加以計算，成爲政府施政的各項指標。但我們知道，任何商品的生產，生產一個就只會擁有一個，絕不會因爲銀行裏存款數字的變化，而使商品憑空增加或減少。

西班牙政府誤以爲蓋房子是刺激經濟成長的特效藥，所以才會大力鼓吹民衆去蓋房子。以致到後來西班牙有三分之一人口，都是從事房地產相關產業。金融泡沫後，西班牙國內房地產乏人問津，因爲建造房屋亦需要大量向銀行貸款，所以銷售不出去的空屋，到最後反而成爲西班牙政府心中永遠的痛。

話說回來，現今金融行業提供了各種不同類型的貸款，這些貸款的數字隨經濟成長持續增加。但金融泡沫後，許多人工作不保，企業倒閉，銀行呆帳問題最後都成爲各國政府頭痛的惡夢。金融泡沫後，經濟成長動能明顯不足，許多企業虧損連連，個人收入大幅下滑，使銀行出現大量呆帳，這些違約帳戶都是經濟衰退時，壓垮銀行的稻草。以日本爲例，各金融機構間債務問題盤根錯節，許多銀行若無政府的金援，根本支撐不下去，而日本政府亦不敢隨意放任大型金融銀行倒閉。因爲如果出現大型銀行機構倒閉，就可能會接連使其他擁有該銀行債權的金融機構跟著倒閉。然後就像滾雪球般，讓金融機構一家接著一家倒閉，這也是爲何雷曼兄弟倒閉，會演變成全球金融風暴的重要原因。

存款數字的迷思

透過房地產交易，銀行裏衍生出許多的存款，所有的人都認爲銀行存款是種財富。然而，那不過是借貸關係的一種轉換，越多的存款就意味著存在越多的貸款，扣除掉政府發行的貨幣，額外增加的存款都有相對應的貸款，貸款是需要償還的，當銀行出現大量還不出來的貸款時，就是金融災難的開始。

銀行存款若有10兆元，會讓大衆誤以爲擁有10兆元的財富，只可惜眞正能提出來的錢卻可能僅有1兆元（政府若只發行1兆元貨幣，去哪裏變出10兆元的貨幣讓人提領）。所以，任何超過政府發行部份的存款皆是貸款轉換而來的。

簡單的說，發行1元的貨幣，絕不會憑空變出2元來。所以，就算想多提領1元都無法從銀行領出來。政府發行1元的貨幣，卻可以在銀行看到10元的存款，看似財富已增加了10倍，但其實多出來9元存款的背後，對應的卻是9元的債務。銀行裏額外多出來的存款，其實全部都是債務的轉換，除非債務不用償還，否則這些債務不但不會成爲經濟成長的動力，到最後反而會成爲經濟成長的最大阻礙。

假使說發行1元，然後透過銀行中介便可以變出10元存款的效果，這種效果被稱爲是貨幣乘數效果。那麼10元存款背後的9元債務又該稱爲什麼效果？那自然也要算是貨幣乘數效果，只不過那是負的貨幣乘數效果。如今經濟學只會討論銀行能夠創造多少存款效果，卻完全不提背後的債務效果，難道經濟學的研究就只看得見局部現象，而完全忽略其他負面的成份？

經濟小語

錯把銀行帳面數字當成財富，是現今經濟問題層出不窮的主要原因。

第六節　貨幣乘數效果的圈套

媒體經常會大肆報導，央行每一次釋出貨幣，都能帶來不少的貨幣乘數效果。然而若貨幣釋出眞有凱恩斯所稱的乘數效應，那麼經濟不佳時，是否只需讓中央銀行不斷地釋出貨幣，就可以解決大多數的經濟問題？解決經濟問題的方式是如此簡單？還是這些效果只是某些人一廂情願的想法？

貨幣乘數效應的產生

以下先爲各位說明，貨幣乘數效應是如何產生出來的。

假設存款準備率等於零，銀行可將存入銀行的貨幣，全部貸放給他人。所以貨幣每一次存入銀行後，銀行都能將所有的現金全部放貸出去，然後經過銀行無限次的存入與貸出，銀行帳面上就會產生無限大的存款數字。假如無限大的存款數字就是凱恩斯所宣稱的貨幣乘數，這就表示只要我們將銀行的存款準備率降爲零，就能讓銀行創造出無限大的貨幣乘數效果。因此，央行只要發行1元貨幣，在存款準備率爲零的情況之下，我們便可以得到無限大的貨幣供應？僅僅發行1元，卻能得到無限多的貨幣效果？是我們對貨幣乘數的認知有問題，還是現實的情況是如此？

事實上，我們並未發現任何一個國家會將銀行的存款準備率降到零的水準，反而是各國銀行都需要提撥一定比例的存款準備。假如像凱恩斯所說的那樣，存款準備率越低，就能創造出越高的貨幣乘數效果，那麼爲何各國政府仍堅持要求銀行必須保留部份現金不得放貸？在銀行存放款的背後，是否隱藏了哪些不爲大衆所知的問題？

凱恩斯所說的貨幣乘數效果，指的是額外增加的存款數字，那麼政府發行貨幣後，銀行帳面上額外增加的存款就是所謂的貨幣乘數效果。所以，在存款準備率等於零的情況下（銀行不需要存款準備），當1元貨幣透過銀行無限次地存入貸出後，我們可以從銀行帳目上得到無限大的存款數字，而這些存款數字被視爲貨幣的一種（因爲可以提出現金）。那麼無限大的存款數字加上原來的1元實體貨幣除以原始發行的1元貨幣，我們可以得到無限大的貨幣乘數。所以，只要我們發行1元實體貨幣，然後將存款準備金降爲零，就可以得到無限大的貨幣乘數效果。

然而，若我們深入去了解這個貨幣效果後面所隱藏的問題，便會發現我們對貨幣性質了解不夠深入，才會忽略了無限大存款數字背後所隱藏的問題。接下來，我們將以一些簡單的數學算式證明貨幣乘數效果並不存在，也就是根本無凱恩斯所宣稱的貨幣乘數效果。

證明貨幣乘數效果不存在的算式

假如超過政府實體貨幣以外的存款數字，就是凱恩斯宣稱的乘數效果。所以，我們將存款數字當成貨幣乘數效果的加項。然而，凱恩斯卻沒有告訴各位，貨幣乘數在產生加項的同時也產生了減項數字，那就是銀行中伴隨存款同時增加的貸款數字。也就是說若將存款視爲正値，那麼貸款就必然視爲負値，所以貸款數字就應該歸爲貨幣乘數效果的減項（這個被忽略掉的減項，就是現今大多數經濟問題的來源之一）。

接著在存款準備率等於零的情況下，1元貨幣透過銀行無限次地存入貸出後，我們可以從銀行的帳上得到無限大的存款數字，但銀行帳上也會同時產生出無限大的貸款數字。對於貨幣釋出後所產生的貨幣乘數效果，我們不應只計算對我們有利的存款部份，而應該連同貸款部份合併計算，這樣才會得到眞正的貨幣乘數效果。就如同我們將存款數字視爲貨幣的加項，那麼貸款數字就必須視爲貨幣的減項，而非有意忽略不計，或是故意視而不見。

假如眞的有貨幣乘數效果，那麼我們所得到的效果，經過銀行無數次的流通後，存款減去貸款的部位，就必須超過一開始央行發行的1元貨幣。然而，當我們將無限大的存款減去無限大的貸款後，所得到的結果卻仍只有1元貨幣。姑且不論這1元最終流向至何處，1元貨幣終究還是1元，永遠不會憑空變成2元。當我們將正的貨幣乘數效果（存款），減去負的貨幣乘數效果（貸款）後，正負效果是剛好完全抵消，由此可證，央行增加發行貨幣，並不會產生凱恩斯所稱的貨幣乘數效果。

我們以數學式來說明，應該會更容易理解一些。

假設央行發行1元實體貨幣，在存款準備率爲0的情況下，1元透過銀行無數次的存入貸出，最後銀行的帳面上，借方會出現無限大的存款數字，貸方則會同時出現無限大的貸款數字，另外還有1元現金。

我們假設存款數字爲X，貸款數字爲Y：

依據會計原則，借貸必須平衡的情況下，每一存款數字背後都會相應產生同樣的貸款數字，所以X＝Y……算式①

假設央行釋出貨幣具有貨幣乘數效果，那麼存款（正效果）減去貸款（負效果）必須大於零。

所以X－Y＞0，才能稱爲具有貨幣乘數效果

但X－Y＝X－X＝0（將算式①代入）

因此我們得到X－Y＝0（無貨幣乘數效果）

銀行裏的存款數字不是貨幣，而是一種會計的記帳符號，這種記帳符號因爲可以隨時隨地從銀行裏取出現金，以致多數人都將其視爲貨幣的一種。然而，貨幣不可能憑空變出來，政府僅發行1元現金，將1元現金存入銀行後，絕不可能憑空變出2元現金，實際上我們也不可能從銀行提出2元的現金來。

各位可以仔細思考一下，假如每個人在銀行裏都擁有1元的存款，但銀行裏實際只有1元的現金，那麼當其中一個存款戶從銀行提領1元現金後，另1個人還能提得出現金嗎？銀行沒有現金可供提領，是不是就得要宣布倒閉？

如今許多的銀行倒閉事件，皆是因爲銀行缺乏現金，導致存戶無法提領而倒閉。當借款人還不出錢，出現大量的貸款違約事件時，銀行就會面臨資金短缺的問題。如果政府不加以供應資金，讓銀行應付擠兌人潮，銀行最終就只能倒閉關門。所以雷曼兄弟倒閉的金融風暴過後，美國政府就是因爲擔心銀行體系產生連鎖效應，才會一而再，再而三地不斷的金援其國內銀行。目前經濟學中存款與貨幣的錯誤觀念，是造成當今社會各種金融混亂，以及經濟動盪的主因之一。

貨幣乘數效果在邏輯上最大的謬誤即是將存款當成貨幣的一種。假設貨幣釋出眞具有乘數效果，那麼我們每發行1元都能當成好幾元，甚至幾十元來使用。但實際上將現金1元存入銀行後，銀行內不會有2元的現金，所以也不能讓人提領出1元以上的現金。1元現金不論流通到哪家銀行裏，最終市場上並不會出現另外的1元讓人提領。

銀行裏所增加的存款，完全由於貸款同時間等量產生出來的。如果將存款視爲正的貨幣乘數效果，那麼貸款就等於是負的貨幣乘數效果。1元現金經由銀行不斷地存入貸出，如果能產生10元的存款，那麼另一邊的貸款就會相對產生9元（扣掉1元現金），存款扣掉貸款後，最後剩下的仍只有1元現金。所謂的貨幣乘數效果，從本質上來說根本就不存在。

這種不存在的貨幣乘數效果，不斷地經由經濟學家的放大，並將其計算當做施政的參考依據。許多被認爲可以產生效果的經濟理論，到後來卻完全得不到任何成效，難怪民衆會普遍質疑經濟學理論，只是紙上談兵，毫無用處。從整體來看就是因爲正效果與負效果會同時產生，所以無論貨幣釋出多少，經濟如何運作，用什麼方式去計算效果，都不會產生所謂的貨幣乘數效果，也就是貨幣乘數效果始終爲零，毫無效果。這也是爲何一堆經濟學者，總是在那裏加加減減地計算貨幣乘數效果，在現實中卻對經濟一點幫助也沒有。

存款數字對於經濟的眞實意義，並不應將其視爲貨幣的一種，而是應該將其看作是提領貨幣的管道。就如同水經由水管流出去一樣，央行發行的貨幣如果當成是水，那麼存款數字就是各種大小不同尺寸的水管，如果水都流光了，就算有再多的水管也流不出水來。銀行裏所剩下的現金（央行貨幣）如果被提光了，其他人就算擁有再多存款，也同樣提不出現金來。這也是為何每次金融風暴都會出現銀行倒閉，以及擠兌風潮。存款只是一種數字，並非現金，若銀行倒了，這些存款數字也會跟著消失，連一毛現金也沒有。

就如同水管可以流出水，但我們不能將水管當成水，水管只是讓水流通的一種途徑，水管和水是因為我們可以看得見實體物質，所以我們可以很容易的區分其中的差異。然而，存款數字不是實體物質，看不到摸不著，我們不能因為存款可以提領現金，而將其當成現金來計算經濟效果或貨幣效果。也就是說，存款數字不是現金（央行貨幣），它可以提出現金，但絕不是現金，兩者在性質上完全不同，不能劃上等號。

經濟小語

存款數字的真實意涵，就是一種貨幣流通管道和途徑，與真實貨幣相較，本質上仍有很大的差異。

第七節　財富天秤

財富的兩端是截然不同的階級

銀行裏大量增加的存款，讓我們誤以爲財富不斷地增加，如果有人告訴你那不是財富而是債務，最後可能會被人當成瘋子來看待。

自英國經濟學家兼財政部長凱恩斯發現，貨幣經由銀行的不斷存入與貸出，可以創造出更多的存款，於是便提出了貨幣乘數理論。凱恩斯觀察貨幣發行與存款倍數增加的情形，以貨幣乘數這個名詞來加以解釋。後來，許多經濟學家開始將存款視爲貨幣，作爲計算經濟成長的基礎，然後以各種算式說明並解釋經濟現象。在不用存款準備的情況下，1元貨幣透過銀行不斷地存入與貸出，就可以憑空創造出無限大的存款，然而這個無限大存款的背後，卻隱藏著現今大部份經濟問題的根源。

銀行裏的存款除以原始發行1元貨幣的倍數，就是所謂的貨幣乘數。假如1元貨幣經由銀行的存入與貸出後，無存款準備率的限制下，銀行裏如果有10元的存款，那麼貨幣乘數就是10倍（10除以1等於10）。如果銀行帳戶裏的存款有100元，那麼貨幣乘數就是100倍，這便是貨幣乘數的概念。

各位會覺得怎麼可能有這種事，為何政府明明只發行了1元，銀行裏卻會有10元的存款？事實上這便是當今經濟運作的現況。以台灣為例，台灣總體存款有24兆台幣，但台灣銀行實際上只發行了約1兆台幣左右。只發行了1兆台幣，為何銀行裏會有24兆的存款？別懷疑，眞相藏在惡魔的翅膀裏，24兆的存款所對應的是23兆的債務，也就是扣掉發行額1兆台幣以外的存款，皆來自於銀行裏的貸款。所以，凱恩斯只看見銀行增加的存款，卻完全沒看到銀行裏的另一方貸款也在同時增加，而這些貸款多數是一般民眾的房貸，可以很清楚的看到現今屋奴社會的現象，多少人要日復一日的工作，以償還背後龐大的房貸。

貨幣乘數的觀念經凱恩斯提出後，經濟學界如獲至寶，努力地將這個理論發揚光大，各種支出只要冠上貨幣乘數的名詞，似乎就能解決所有的經濟問題。政府只要增加支出，就可以讓經濟產生5倍、10倍的效果。但如果眞的深入觀察政府增加支出後的結果，似乎找不到任何可見的倍數效果，不但沒改善當前的經濟問題，反而讓政府債台高築，無法自拔。

這個世界難道有什麼神奇的魔法，可以讓人憑空創造出貨幣？只發行100元的貨幣，可以憑空變成1,000元，甚至10,000元的貨幣出來？從上一節的證明可得知，增加貨幣發行根本不會產生什麼乘數效果，那只是經濟學家因對貨幣的片面理解所產生的誤會。

存款的眞實定義

事實上，貨幣乘數效果不存在，存款也不等於實體貨幣。

存款可以讓人提領貨幣，但存款絕不等於貨幣，發行了100元的貨幣，銀行最多就只能提領100元，銀行絕不可能變出101元讓人來提領。發行100元的貨幣，銀行裏卻有1,000元的存款，那是因爲1,000元的存款背後，還有900元的貸款在另一方。只要比政府貨幣發行量還多的存款，其背後對應的皆是貸款，只要有額外增加的存款，就一定會有相對應增加的貸款。

學過會計的都知道，會計帳目最基本的原理，就是借貸兩邊的數字一定要相等（借貸平衡），貸方有1,000元的存款，借方就需要有100元的現金和900元的貸款，否則就會造成借貸兩端不平衡。

因此，我們可以得出簡單的公式：

存款＝貨幣＋貸款

從凱恩斯的角度來看，每1元的支出都可以變出許多倍的貨幣乘數效果，但這種效果只是忽略掉貸款所得出來的效果。其眞相是額外增加的存款，皆是貸款轉換而來，所有扣掉政府發行額所增加的存款都等於貸款。

經濟學家看到銀行裏總是有數量驚人的存款，所以想盡各種辦法來刺激這些存款人增加消費，但實際上他們可能不知道，有許多擁有龐大存款的人，可能同時也是背有龐大債務的貸款人，如果他們手中的存款都是另有用途，甚至大多需要拿來償還貸款的，試問有什麼方式可以讓這些人忘記貸款的存在而盡情消費？經濟學家經常想用各種辦法想刺激消費，不管是調整利率，或是各種內需方案，只要無法解決存款人心中的問題，想要大衆增加消費，無疑是一種幻想。

更嚴重的是，政府以各種優惠利率貸款來刺激房地產價格，表面上政府讓更多人有機會可以置產，事實上政府是將整個社會的購買力，藉由房貸完全移轉到少數人手中。政府讓建商到處炒作房地產，再以各種利率優惠措施，吸引民衆大量貸款去購買。可想而知，這個社會上大多數的貸款是由一般民衆背負，而大多數的存款則是流入了建商與炒作者的口袋。一般民衆要用數十年，等於大多數的工作時間，其所得幾乎都是用來償還房貸，要花費一生最精華的時間努力工作才能夠償還，這樣世界跟過去佃農社會有何區別？

經濟小語

假如有一天讓世界重新組合，富人自己組成一個國家，窮人自己組成一個國家，窮人生產的商品僅提供給自己國內使用，那麼富人還會是富人嗎？

第八節　房價與社會公平

居住空間是人類生活上不可或缺的，人人賴以生存的基本需求，卻成爲少數人賺錢工具。少數人不斷地炒作房地產的結果，讓大眾只能背負一輩子的房屋貸款。

隨著房地產價格越來越高，手中有房的人皆大歡喜，看起來就好像大家都有錢賺，實際上受益的僅只是少數人。其實許多富人擁有龐大財富的背後，都轉嫁給大眾承擔高昂的生活成本。每一個房地產價格高得嚇人的地區，那裏都存在著非常高的生活成本，而這些逐步墊高的生活成本，其背後就是一次又一次的房地產炒作。

台灣算得上是世界前幾名的高房價地區，根據世界銀行的資料顯示，台灣在各國當中，屬於房價所得比偏高的國家。高房價儼然成爲十大民怨之首，一般民眾住不起、生不起、養不起等現象，皆變成嚴重的社會問題。

一個人若想在台北近郊，購買1間30坪大小的25年中古房屋，每坪約需要30萬左右的價格，但扣掉公設後可能僅剩2個房間大小的房屋，卻要民眾以900萬的代價才能買到。這表示台灣民眾如果月薪僅有3萬元的話，他要不吃不喝整整300個月，才能夠付完900萬的貸款。300個月剛好等於25年，試問誰能夠不吃不喝25年，只爲了購買只有2個房間大小的房子？

高房價vs.經濟

如果一個國家所有的居民，每個月薪水超過三分之一要繳房貸或房租，試問這個國家的民眾，他們還有餘力來增加消費嗎？台灣鄰近國家如日本，觀察其國內經濟的情況，可以知道從1990年日本經濟泡沫化後，縱然日本房價已降低至最高價時的二分之一，但相較於其他國家來說，房價依舊屬於偏高水準。縱然日本房價如此之高，高房價就能擁有高度的經濟成長，但高房價反而影響當地日常商品的銷售價格，造成偏高的物價水準。在日本民眾因高額的居住負擔影響下，一般民眾根本無力消費，日本國內經濟有如一灘死水，其內需產業經過20多年的時間仍是處於低迷狀態。即便日本央行將銀行利率下調至零利率已有10多年的時間，其國內市場仍絲毫不見起色，而一般民眾也完全沒有增加消費的意願。

我們應該仔細去了解，到底是民眾不肯花錢消費？還是民眾無多餘的閒錢可供消費？在解決消費市場低迷這個問題上，相信大多數經濟專家都搞錯了方向。其實根本不是民衆只顧存錢不願意消費，而是民衆根本無閒錢可供消費。在經濟發展後期，勞工供給遠大於需求，薪資水準逐步下滑，許多民衆找不到工作，不但很難賺到生活需要的薪水，又要付出居高不下生活開銷。在這種情形下，民衆根本無多餘的閒錢可供消費。所以，縱使銀行利率降到零，也無法讓民衆提高消費意願。

利率調整可以改變投資行爲，或是消費行爲的論點，似乎在經濟發展的中後期起不了作用。人們重視生存安全需求的想法，是遠高於對利息高低的考量。商人重視投資獲利與否的程度，也遠高於重視利息的多寡。只要有利可圖，就算銀行裏的利率再高，也阻止不了商人借錢投資的意願。但若遇到虧本生意，或是難有賺錢的機會，縱使銀行貸款利息再低，商人也不願多借一分錢去做生意。缺乏對人性問題的考量，只單純藉由調整利率，是無法有效改善經濟上的問題。

因爲高房價的影響，民衆必須負擔高昂的居住費用，連日常需要的各種生活用品價格也相對提高。在個人基本支出居高不下的情況下，其他消費受到嚴重排擠，民衆所得大多用來繳交居住費用，何來的剩餘所得進行其他消費？個人所得餘額不足，就是目前日本與台灣內需市場消費低迷的主要原因。

高房價 vs. 社會公平

日本的老人因爲政府減少社會福利支出，使得越來越多日本老人只能走上行竊一途。根據統計，日本65歲以上的老人犯罪率一直在快速增加，老年犯罪率於1978年僅占整體犯罪率的3.1%，隨後一路增加到2007年的18.9%，其中老年竊取商店財物占所有老人犯罪案的80%。行竊成爲日本老年犯罪中最普遍的犯行，其中包括竊取商店財物和扒竊。越來越多的老人因爲沒錢過活及子女無力供養，只能以竊取商店日用品爲生。只要高房價問題無法改善，一般民衆沒有多餘存款養老，到了年老無法工作時，只能走向行竊一途，老人犯罪的社會問題也難以獲得改善。

對上一代的人來說，生活雖然沒有戰爭時期困苦，但眼下的日子卻更不好過。對剛入踏入社會年輕人來說，經濟結構的改變讓他們求職到處碰壁，再加上高房價的影響，他們無法到外地謀生，最後只能成爲賴在家中過活的啃老族。家長總會責怪小孩心態不佳，不願認眞找一份工作。但在全球失業率普遍高漲的情況下，就算年輕人有意願求職，似乎也很難找到一份能讓人稍微滿意的工作。在過去，只要肯努力工作，至少都還有機會買得起房子，也能存點積蓄養老。然而隨著社會越來越進步，一般人非但買不起房子，就連最基本的生活開銷都難以維持。

一般來說，當地物價通常跟房價有著密不可分的關係，房價與物價的關係是成正比的，當地的房價越高，其物價水準通常就會越高。這種高房價伴隨高物價的現象，普遍存在於各個國家。英國房價是全球排名前幾名，而當地的物價水準亦是全球數一數二的貴。倫敦的物價大約爲台北的3倍左右，在外頭吃一頓普通的午餐就要花費近千元台幣，若以台北的工資水準拿到倫敦去消費，根本無法在倫敦生活。

在高房價與高物價的門檻下，對家裏沒有多餘財力資助的中南部年輕人來說，若想到台北謀生，就必須先解決吃住的問題。如果無法找到一份適合的工作，加上沒有足夠的生活費，那麼中南部的年輕人，就很難繼續在台北謀生，最後只能回到家鄉去找工作。居住的門檻造成生活條件的提高，這種生活成本的提高，也對中南部的民眾產生了排擠效果。

然而，高房價對本來就居住於當地的人來說，亦未見得是件好事。雖然與家人同住可以減少一些生活開銷，但薪水扣掉居住以外的其他生活費用後，大多數人所剩餘的薪水通常也寥寥無幾，更別提將來能夠存錢買房養老。台灣政府曾公開地將大學畢業生列爲企業實習生，以補貼的方式來獎勵企業僱用社會新鮮人。然而，出乎政府官員的意料，在政府補貼企業的期間，年輕人失業率是短暫下降了，但卻反而將社會薪資直接壓到了2萬2千元。大家都有2萬2千元的免費實習生可用，誰還願意以較高的薪水去僱用年輕人？這樣不但無助改善就業環境，反而加速促成了社會低薪的現象。薪水突然被強迫壓低了二～三成，房租卻未隨著薪資下滑而往下調整，這對早已難以謀生的民眾來說，無疑是雪上加霜。

高物價社會的產生

我們以一些簡單的說明，來讓各位了解高物價產生的原因。比方說有人從房地產交易中賺走100億元的價差，這100億元並非隨著這個人拿走就消失了，而是這100億元的差價被灌水在這塊土地上，有人從這塊土地賺走了100億元，承接土地的人就要從這塊土地上再賺回來。房地產價格的上漲，直接反映的就是這塊土地上的租金跟著提高，租金提高後，開店做生意的成本增加，爲了應付店租，店家就必須提高商品售價，才有足夠的利潤支付租金，接著在這塊土地上生活的民眾就要負擔更多的生活支出。所以有人從房地產上賺走100億，這個社會就要多負擔這100億的成本，有人從房地產中賺走越多的差價，社會就會負擔越多的成本。

舉個簡單的例子來說，假設某地區房價是每坪1萬元，後來經過炒作，變爲每坪100萬元。各位覺得這個地方的租金，仍會維持原來的租金水準，還是會提高？租金的計算基礎，當然會開始以每坪100萬元爲計算單位去租給別人。那麼這些經過價格炒作的土地，店家就必須以更高的租金去承租，在店租變高之後，店家無法以過去的租金水準來計算經營成本，店家只能將商品售價提高，才能夠應付房地產漲價後的租金。

也就是說房價漲了，店租就會跟著漲，店租漲了，商品售價就會提高。房地產價格上漲在每個環節都產生了一定程度的影響，銷售房地產的利益雖已被炒作者給賺走，但這些被賺走的財富，卻形成大量的缺口，開始對當地的租金、商品售價、生活成本造成很大的影響。開始一層一層地逐漸遞延，轉嫁給當地生活的民眾。居住在當地的民眾，就等於是在經年累月攤還這些被人賺走的錢。

另一方面，房價越高會對越後期出生的人，產生十分不利的影響。因為他們從一出生就要面對前人炒作過後，所遺留下來的高房價與高物價。當他們還未能享受到經濟成長的果實時，就要付出房地產炒作過後所留下來的產物（高房價與高物價）。這一切的不公平，卻是在他們出生前，便已經在等著他們。

經濟小語

房地產炒作，製造出高物價社會，進而衍生出「住不起、生不起、養不起」等社會問題。

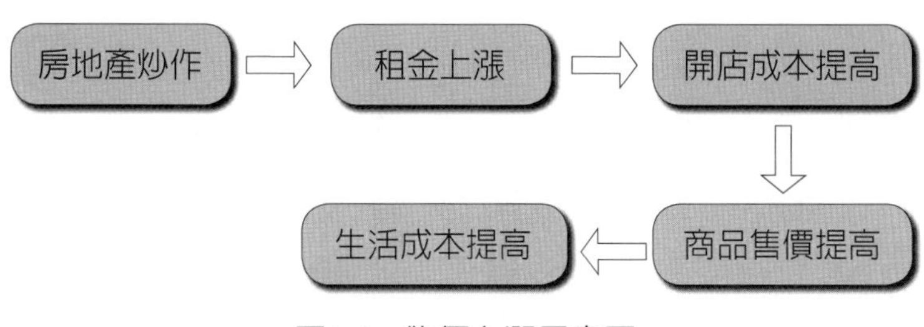

圖2-1　物價上漲示意圖

〈物價上漲示意圖〉說明：

房地產經由炒作後大幅上漲，有人從中獲利賺走大量交易價差。因土地成本提高造成租金上揚，在此做生意的店家因為租金上漲，不得不提高商品售價以支付增加的店租，最後因日常所需商品價格提高，而使民眾的生活開銷增加。

第九節　消失的購買力

成也貨幣，敗也貨幣

自從發明了貨幣後，市場交易開始變得活絡，商品產量與日俱增，人類交易活動也變得更多元。從古至今，任何一個繁榮的市場，皆來自於民眾的熱絡消費。當市場資金逐步聚積到少數人之手，一般民眾無錢可用時，商品生產出來無人消費，市場即從繁榮走向衰退，最後甚至讓國家走向滅亡。

在經濟衰退時期，民生凋敝、生活困苦，到處充滿失業民眾，社會大部份財富聚積在少數人手中。政府不但沒有能力改善這種現象，甚至連自己都陷入重重的財政危機。一般民眾對於改善困境根本無計可施，只能眼望他人擁有金山銀山，自己卻陷入窮困潦倒的命運。此時若再爆發嚴重的天然災害，一般人生活無以爲繼時，便會引發革命與戰爭，國家亦隨之改朝換代。

20世紀的人類擁有十分發達的金融制度，民衆可透過銀行貸款，以未來20年的工作所得做爲抵押來購買房子。然而，當大多數的民衆都已經向銀行借錢買房後，難道大家便可以從此過著幸福快樂的日子？事實上，幸福的日子不但未隨著人人擁有房產而來到，反而出現令人想像不到的問題。

人人貸款買房的結果，引起市場一連串的災難。這些房屋貸款有如酷斯拉怪獸，瘋狂的吸收市場資金，以及破壞市場正常運作，使市場從繁榮走向衰退。500元、1,000元、10,000元，不停的吸納市場裏的資金，每個人的工作所得，大部份都繳給了銀行，市場消費力大量消失，商品乏人問津大滯銷、廠商嚴重虧損而倒閉、失業率大幅增加，當大家還搞不清楚狀況時，經濟卻突然開始崩潰。

因爲市場資金無法再次循環，市場資金逐漸集中到少數人手中後，這些資金無法隨著市場的運作，再流入一般人的手中。根據凱恩斯所提出的邊際消費傾向遞減法則，財富擁有越多則消費占所得的比重會逐漸遞減。所以，越來越多的現金停滯不動，經濟開始從繁榮走向衰退。

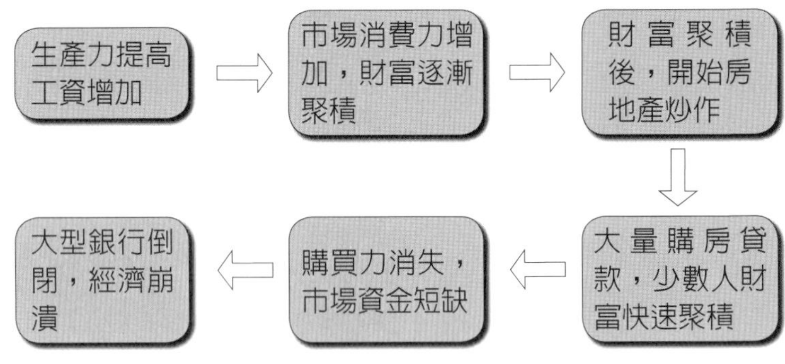

圖2-2　經濟從繁榮走向衰退示意圖

〈經濟從繁榮走向衰退示意圖〉說明：

在經濟發展初期，民生用品十分缺乏，各種商品需求大量增加，廠商增加商品產能，使得人力需求增加，引發工資上漲。接著民眾因收入增加而提高消費，市場一片活絡。然後，少數人賺了錢之後開始炒作房地產，房地產價格大幅上漲，投資客與民眾爭相投入，造成房價更大幅度的上漲。每個都市居民都需要居住空間，所以不得不高價貸款買房，而政府則以低利誘使民眾購房。

民眾為了買房以未來20年的薪資做為抵押，銀行做為中介者，將民眾的存款大量移轉給地主、建商、投資客。財富開始大量流入少數人手中。民眾購房後，需要以三分之一以上的薪水繳納房貸。此時民眾已無多餘閒錢消費，市場購買力大量消失，商品銷售出現停滯，廠商虧損而倒閉，人力需求大幅下降，導致薪資下調與失業率增加，民眾因失業而繳不出房貸，銀行則因呆帳過多而倒閉，連鎖效應產生，使經濟崩潰。

經濟小語

消費會隨著所得增加而遞減，當財富的消費到達一定水準後，富人不會繼續增加消費，反而會增加儲蓄。隨著財富持續集中，越來越多的現金停滯不動，市場消費力持續消失，繁榮便很快的走向衰退。

第十節　奴役式的社會

古代的佃農 vs. 現代的屋奴

富人憑著資本優勢，大量獲取財富，再藉由房地產炒作賺取更可觀財富。民眾為了生活，不得不向銀行貸款購屋。富人從民眾那裏獲得大量存款，民眾則按時繳納貸款，整個一來一往完成奴役化的社會結構。

任何維持日常生活的民生必需品，都會受到政府的監督與管制，以避免少數商人囤積炒作。唯獨房地產這樣的生活必需品，政府卻是放任財團炒作，任由財團與投資客從中賺取大量財富。房價上升後，將使周遭的生活成本大幅上升，這樣的成本卻是完全轉嫁給當地民眾。民眾生活成本變高，並且背負著大量的房貸，社會購買力大量流失，嚴重影響經濟的正常運作。從古至今，受到土地剝削的人不計其數，從古代佃農到現代屋奴，民眾永遠處於被少數人剝削的環境。為何政府獨對房地產的奴役現象視而不見？人人平等生存的新社會，難道不是現代政府建立的原因嗎？

基本上，所謂的現代民主不過是披著羊皮的狼，沒有一定的財力根本無從參與政治競選。現代的選舉制度，不但需要大量的競選保證金，而且在競選期間的大筆開銷，一般人根本負擔不起。所以，不論是地方議員、首長、立法委員或是總統，能夠參與競選的，無一不是有錢有勢之輩。在現代民主說穿了就是金權民主，少數人可以掌控國家資源，讓既得利益者不斷地修改法令藉以代代傳承下去。在這種金錢與政治相互勾結的結構下，想要改善貧富差距，建立人人平等的社會，簡直是與虎謀皮、痴人說夢。

富人掌控的奴役社會

以日本為例，戰爭結束後的日本經濟處於極度混亂和疲乏狀態。戰爭末期，包括慘遭原子彈襲擊的廣島、長崎在內，全日本共有119個城市化為廢墟，毀於戰火的住房達236萬棟，900萬人流離失所。近一半的工業設備、道路、橋樑、港灣設施受到不同程度的破壞。工礦業生產急劇下降，加上農業歉收，大米產量只有平時的六成，釀成了嚴重的糧食危機，原材料及糧食進口的通路被切斷，餓死人的現象時有發生。由於物資極度缺乏，貨幣發行量激增，通貨膨脹日甚一日。

這個資源匱乏的國家，在經歷第二次世界大戰的慘痛失敗後，陷入了苦難的深淵。日本戰後的恢復，就從這片廢墟上開始。當時的日本正處在以美國爲首的盟軍占領之下。爲了使日本經濟擺脫癱瘓狀態，盡快恢復經濟與自主權，解決民生問題以及重返國際社會等諸多問題迫在眉睫。

爲使日本經濟能夠盡快獲得復興，並讓經濟運作回復正常後，與國際市場接軌，日本政府選擇了以經濟爲中心的政策，和追隨美國的外交戰略爲主體，作爲重建日本的國家發展策略。據統計，1960年~1970年間，日本的工業生產年均增長16%，國民生產總値年平均增長11%。到了1968年，日本的國民生產總値超越德國，成爲僅次於美國的資本主義世界第二大的經濟大國。70年代初期，日本基本上實現國民經濟現代化，經濟上得到了徹底的復甦，並開始出現高速經濟增長。朝鮮戰爭與越南戰爭期間，美軍的軍事與後勤物資大量向日本購買，又進一步刺激了日本經濟的發展，使日本經濟迅速活躍起來。

日本在二戰前的財團被稱爲財閥，是明治維新後，受政府扶植而發展成壟斷性質的大型控股公司。這些以產業資本、商業資本和金融資本相結合的財閥，在國家的扶持和保護下，出現十幾家主要財團，其中最有實力的爲三井、三菱、住友、安田四家，通稱四大財閥。二戰後，美國政府爲了自身經濟利益，以反壟斷爲名，對舊財閥實行了抑制政策，解散日本財閥組織。從1951年開始，美國由於與蘇聯冷戰的需要，又逐步扶植日本財團，使日本的財閥重組，日本經濟又重新出現了產業型企業集團。

這些財團依憑自身財力與政府政策的扶植，逐漸形成以三菱、三井、住友、富士、三和第一勸銀爲主的財團，這些財團經營的範圍涵蓋各行業，汽車、軍火、電子、石油化學、飛機、造船、核能、化工、重型機械、綜合電機、汽車製造、房地產、核發電、半導體、醫療及辦公設備等，各行業龍頭幾乎均在這六大財團底下。

足可見得，這些財團如非憑藉其豐厚的財力與龐大的政府資源，如何能取得產業領先的地位？其他企業在其財力與資源有限的局面下，又如何能與其競爭？一般人竭其一生所能，頂多開設一些小型公司，更別提想要與這些大公司一較高下。在這樣的結構體系下，想要出人頭地是難如登天，甚至連養活自己都成爲問題。一般人若能夠賺得養活自己的薪水，已是千謝萬謝、上天保佑，更別提年老後要如何養活自己。日本近年來老人犯罪率居高不下，皆是政府無視於財富分配惡化的結果。

廣場協議的效應

到了70年代，日本經濟進一步穩定發展。與此同時，歐美發達國家卻由於政府效率低下、龐大的福利體系、石油危機等多種因素而陷入經濟停滯。在當時的世界，日本經濟一枝獨秀，日本製造的低價商品盛行世界各地，歐美產品幾無抵擋招架之力。底特律的汽車業競爭不過油耗售價皆低的日本汽車而損失慘重。

一國的出口持續暢旺，意味著生產效率的提高與財富的增長，外匯大量增加帶動換匯的需求（將外幣兌換成本國幣），這必然帶動本國貨幣的升值。而且，歐美國家因商業損失便亟欲推動日圓升值，這樣將會直接削弱日本商品的出口競爭力。於是1985年，美、日、英、德、法等五國簽署了著名的「廣場協議」，強迫美元大幅度貶值。美元的貶值相對等於使日圓升值。「廣場協議」簽訂後的幾年內，日圓從1美元兌換360日圓升值到1美元兌換120日圓，幾乎升值了3倍。

日圓升值後，日本的出口大受打擊，但日本少數人也因此變得空前富裕。為了搭上日圓升值熱潮，全球資金大量湧向日本市場，除了股市大幅上漲外，也帶動房地產的上漲。當時日本政府為了刺激經濟，實施寬鬆貨幣政策，鼓勵資金進入房地產以及股票市場。

飆漲的房地產，引誘許多日本人拿出畢生積蓄投資，1990年日本六大城市（東京、名古屋、大阪、神戶、橫濱、京都）房地產價格，都已達到不可思議的地步。空前的房地產榮景，使民眾普遍期待房地產更進一步的飆漲。當時日本國土面積只有美國面積4％，大約美國加州大小，但整個房地產市值卻相當於整個美國房地產總值的

4倍，光東京一地就等於美國全國的房地產總值。

當大部份民衆都買不起房屋的時候，就等於宣告整個社會的奴役式結構已經建構完成。民衆爲了購房向銀行借入大量貸款，這些貸款卻要一個人工作一輩子才能還清。透過銀行，富人取得了存款，民衆揹上了貸款，社會就這樣逐步建立起奴役體系，民衆必須將大部份的所得，透過銀行的還款而流向少數人的口袋。

每賣出一套高價房屋，就表示又有人陷入了貢獻一生所得的奴役結構中。爲了工作謀生，民衆必須購買生活所必要的居住空間，就算不貸款買房，民衆依然需要按月繳納大量租金給房東。就這樣形成必須逐月的將工作所得，交由少數人享受的奴役式社會。

經濟小語

過去是佃農社會，現代是房奴社會，人類還需要多久才能擺脫奴役式的社會體系？

表2-1 日本地價與銀行貸款統計表相關係數89.79% 註1

年	六大都市 平均地價指數	銀行貸款 億／日圓
1960	4.87	4,260
1970	28.0	19,447
1980	67.8	21,020
1981	73.5	12,413
1982	78.5	18,970
1983	82.2	34,414
1984	86.5	31,412
1985	92.9	42,585
1986	106.2	63,249
1987	133.7	63,856
1988	171.0	82,868
1989	212.8	67,076
1990	276.8	61,595
1991	285.3	101,323
1992	241.0	70,978
1993	197.7	59,138
1994	174.9	58,503
1995	151.4	23,065
1996	134.5	19,439

資料來源：日本統計局，長期統計

註1：相關係數的計算範圍為1960年～1996年六大都市平均地價指數與銀行貸款

從表中可看出，地價越高，則銀行貸款數量越多，到了1991年後，日本經濟終於支撐不住大量的房貸而開始走下坡。隨著地價下跌，房貸數量也快速的減少。大量的房貸代表著財富大量流向少數人的口袋，如今日本大量出現如何節省生活開銷節目與百元商店，都顯示出日本一般民衆的生活困苦，一般大衆根本存不了什麼錢，僅能靠薪水勉強過活。

第三章

如何才能永續繁榮

繁榮與衰退總是交互進行，似乎沒人想過繁榮可以永遠維持。

繁榮與衰退是一種對比的相反詞，沒有衰退，就不會有繁榮。如果經濟一直沒有起伏波動，你就感受不出什麼是繁榮，什麼是衰退。沒有衰退，繁榮就無從比較。當一些不正常的情況出現時，通常會被冠上一些特定的名詞。不正常的情況，並不代表就是負面不好的現象，這只是相對於正常情況的一種比較詞。例如當一個人的心情比平時表現來得好，就會被人認爲是高興或是快樂。因此，繁榮也屬於是一種不正常的情況，比平時情況來得更好的經濟活絡現象，就會被稱爲繁榮。如果經濟出現永續繁榮的話，那麼所謂的繁榮將來也會被視爲是一種正常現象。

人類社會過去不斷地歷經繁榮與衰退交互發生的經濟情況。所以我們可以有個比較，知道什麼時候是經濟繁榮，什麼時候是經濟衰退。關於繁榮的相關研究，皆將失業率列爲繁榮的主要參考項目。低失業率象徵民衆普遍處於就業狀態，就業讓民衆獲得收入並帶來消費，民衆穩定的消費則能夠活絡市場，再進一步帶動生產。所以，就業所帶來的影響不是單方面讓民衆獲得消費能力，就業增加也等於是生產力的增加。一般來說，繁榮的時候通常是失業率極低的時候。如果能讓失業率降低，讓有能力工作的人皆能充份就業，那麼市場就不用擔心無人消費。生產活動得以正常進行，市場經常保持活絡，就能達到永續繁榮的目的。

第一節　財富的本質

財富不是數字，財富來自生產

人類社會最弔詭的一個現象，那就是人類發明貨幣是爲了促進商品交易和帶動商品生產。但人類社會發展到最後，卻任由少數人集中財富，讓貨幣集中在少數人身上，以致多數人無貨幣可用，使市場蕭條生產低落，財富增加的速度反而因此減緩。

另外一個弔詭的現象是誤把貨幣當成眞正的財富而拼命收集，雖說貨幣可以購買各種商品，可視爲具有一定的價值，但若無商品可讓人購買，擁有貨幣又有何用？由此可知，支撐貨幣價值的，實際上是商品的數量，商品對人類來說才是眞正具有價值的財富。無數人誤將貨幣當成眞正的財富而拼命收集，少數人大量集中財富的行爲更讓市場缺乏資金流通。財富集中的結果使一般民衆賺不到錢，民衆無閒錢可使用消費，商品無人購買，商品產量銳減，眞正的財富（商品）反而因之不斷減少。

辛巴威的通膨危機

以辛巴威為例，辛巴威曾被稱為非洲的麵包籃（象徵物產豐饒），但卻接連陷入超級通貨膨脹的危機，而導致國家經濟混亂不安。假使貨幣是眞實的財富，那麼我們不斷增加發行的貨幣，就能讓我們的財富不斷增加。但實際上卻不是這麼回事，隨著辛巴威鈔票面額越來越大，能換到的商品卻是越來越少。這說明了貨幣只不過是一種行使購買商品的權利表徵，假如沒有足夠的商品數量做為貨幣的支撐，那麼發行再高面額的鈔票也等同於廢紙。

由於物資的貧乏，在辛巴威有錢也買不到東西，辛巴威人寧可儘快將手中的鈔票換成實質的商品，而不願留著快速貶值的鈔票。這些過程都已充份說明，貨幣只不過是一種行使購買商品的權利工具，並非眞實的財富。當所有的經濟學者與政府官員都在注意著貨幣數量的變化時，他們卻忘記了什麼才是眞實的財富。人類社會隨時都有著商品的需求，以及商品的消耗，沒有商品提供支撐的貨幣，根本毫無價値可言。所以若無實質的商品做為支撐，就算擁有再多的貨幣也買不到任何的東西。

一個沒有生產力的國家，貨幣發行再多也無法增加其經濟實力，眞實的財富是需要仰賴民眾去製造出來的。越多人投入工作，就能生產出越多的商品，也等於為社會帶來越多的財富。

但從另一個角度來說，如果我們生產了大量的商品，但民眾無錢可消費也是白費工夫。商品生產出來就是要供人購買與使用，假如財富全集中於少數人的身上，民眾沒有適當的管道可獲得貨幣，堆積如山無人消費的商品，也如同是沒有用處的垃圾一樣。所以，如果能藉由增加工作機會，來使貨幣能夠重新流向民眾，這樣才會使民眾有能力消費，才能創造良性的經濟循環！

財富過度集中後，民眾生活出現種種問題，不但養不活自己，更養不起下一代。出生率未隨著經濟成長而提高，反而逐年地在遞減，社會形成一種自我消滅的環境。台灣近年來低出生率皆排名世界第一，可見得台灣生存條件之惡劣，算得上是全球的前幾名。

經濟小語

人類拼命想要獲得財富，最後卻被財富給消滅，難道不是一件可悲的事？

第二節 繁榮的過程

繁榮是從無到有的一種過程

縱觀中國歷朝歷代的發展過程，可以發現一個驚人的共通點，中國的歷代盛世，幾乎都會在新朝代建立後的二、三十年內出現，而各朝代建立前的重要都市，幾乎皆曾遭受到嚴重的破壞，房屋的毀損、人員的傷亡、各種生產工具的損壞等。所以每當新政權建立後，大量的士兵卸甲歸田投入民間的各種建設，使社會消失的勞動力又開始重新投入生產，然後大量的建設與生產，讓社會又繁榮起來。

因戰爭毀滅性的破壞，使得社會財富幾近歸於零，各種民生設施亦被破壞殆盡。由於都市需要重建，政府投入大量資金與人力，各種建設需求使社會勞動力需求大增，大量的工作機會帶來薪資上揚。因重建需要而增加各種商品的消費，使得整體經濟快速向上發展。所以，每一次戰後的龐大重建需求，都能帶動大量的就業需求與民間消費，這也是爲何每次戰亂之後，經濟皆能快速提升的原因。

政府與民間投入大量資金生產與建設，民衆因勞力需求增加而收入提高，市場裏到處都是資金，民衆有閒錢消費帶動市場活絡，而活絡的市場又促使廠商提高商品產量。廠商獲得投資收益後，資金從廠商手中透過僱傭關係，再回流到民衆口袋，民衆的收入經由消費進入市場，廠商獲利後再投入生產，那麼市場似乎就能永遠的繁榮下去。

然而，我們從過去的歷史得知，繁榮出現的時間總是十分地短暫。隨著時間過去，經濟逐漸從繁榮走向衰退，姑且不論政府推出哪種刺激經濟方案，我們得到的成效總是令人失望。另一方面，有時所謂的繁榮，僅經濟統計上反映於股價與房市的榮景，一般民衆不但無法感受，這種假性繁榮帶來的好處，反而感覺生活成本與工作壓力越來越大。

繁榮中止的情況大多歸因於財富的過度集中，一旦財富出現高度集中的情況時，我們大概可以預料經濟差不多已經走向繁榮的盡頭。市場資金最終的流向爲企業，當企業獲得大量收益後，開始不斷擴大經營規模，以藉此創造競爭優勢。企業用雄厚的資本以各種手段排除他人競爭，然後逐漸成爲控制市場的獨占或寡占企業。此時，企業因控制市場價格，可以獲得極龐大的利益，財富開始大量往少數人集中。財富集中化到了某一程度，市場資金開始枯竭，企業利潤大量減少，廠商大幅減少員工僱用，勞動市場供過於求，薪資開始向下調整，民眾則因收入大幅下滑而減少消費，繁榮現象於焉中止。所以，當大量企業獲利開始不如預期時，我們便可以得知經濟即將從繁榮開始進入衰退。

重農抑商，防止財富集中

爲了防止財富快速集中，干擾經濟正常發展與運作，古代社會多有抑制政策來預防財富的集中。過去的執政者普遍認爲，生產者如農人、工人等才是國家財富創造的來源。商人只不過是藉由商品交易搬有運無，就能從中獲取龐大的利益。不事生產的商人，有時還會妨礙到農民的正常生產活動。在過去封建體制下的中國政府便認爲，商人不但未從事生產，還經常以高利貸的方式來剝削農民，有時造成一個地區的農民大量逃亡。另外，商業活動豐厚的利潤，亦常誘使農民棄農從商，使得國家農業產量降低。若是缺乏一國的糧食不足，將嚴重損害到國家的根基，尤其在過去農業產量有限的情況下，國家糧食不足有時可能會造成一個國家的滅亡。多數人棄農從商捨本逐末的結果，將使王朝的統治基礎被大幅地削弱。所以，中國歷朝歷代大多主張重農抑商，藉由提高稅賦與貶抑身份來抑制商人的過度擴張，以防止財富過度集中而影響到正常的經濟運作。

中國歷代重農抑商的政策主要有四項：

一、農業爲本，商業爲末。

二、在土地問題上，採取抑制兼併的政策，以預防農民大量破產，穩固農業生產基礎。

三、多方面限制商人與商業活動，並限制商人的從政，杜絕其仕途之路。

四、利用高額稅賦懲罰商人，並貶抑其社會地位，從日常生活方面對商人進行限制，其穿衣、乘車都有嚴格的限制規定。

是以中國古代帝國的重農抑商政策，在改朝換代後，重新建立經濟的初期，對抑制財富集中仍有不錯的成效。然而，政策是死的無法隨時更動，而商人是活的，經常鑽研法律的漏洞。商人以各種手段來逃避稅金，他們仍可以透過經商獲得大量財富。然後商人再以大量財富來影響政府官員，改變對商人的抑制政策。顯而易見地，中國歷代普遍抑制商人的政策，是因爲執政者認爲商人以輕巧之力（相對於農民的辛勞）便能獲取大量財富，然後再以高利貸放給缺錢的農民，最後導致農民破產而大量逃亡，造成土地無人耕作，使帝國統治受到動搖。所以，爲了有效穩固政權，歷朝歷代帝王才會多數採取重農抑商的政策。

重農抑商不啻爲一種防止財富集中化的方式，但因後續無法有效防堵商人的鑽空取巧，使得財富仍日漸集中在少數人手上，而影響到正常經濟活動。這裏關注的重點，並非在於商人各種巧取豪奪的惡劣行徑，而是商人獲得大量財富後，將影響整體的經濟運作。商人搬有運無的交易方式，的確有助於商品的交換，與促進商品的生產，但若無法有效防止少數人大量累積財富，則經濟的繁榮將很快告終，少數人的行爲也將導致國家很快走向滅亡。

經濟小語

繁榮的延續在於如何防止財富的過度集中。

第三節　繁榮的原理

財富循環才能永續繁榮

前面已經提過，若想讓市場一直處於活絡狀態，則必須保持貨幣流通數量的穩定。貨幣流通數量減少，將使市場裏的商品價格下滑，商品價格下滑則造成廠商利潤減少，然後形成一連串的通貨緊縮循環。若想要維持市場活絡，僅靠少數人的消費，是絕無可能滿足市場的需求。市場必須依賴大眾的消費，眾多的商品才有銷售機會，才能夠達到活絡市場的目的。如果財富始終落入少數人的手中，只有少數人進行消費，那麼市場就會無可避免的發生衰退。

在人類社會中，經濟情況總是變動不已，繁榮是一種比較上的名詞，當市場運作比正常情況還要熱絡的時候，就會被稱爲「繁榮」。如果市場永遠處於活絡狀態，那麼書本中就不會出現「繁榮」這個名詞，因爲「繁榮」已被視爲正常狀態。所謂的

「繁榮」是一種商品需求大於供給的現象，因為需求大於供給的關係，廠商會擴產增加商品供給，為了增加商品供給就必須增加僱用員工，接著人力需求增加造成平均薪資的提高，然後民眾因收入增加而提高消費，形成一種不斷刺激經濟活動的正向循環。

然而，就像樹不會長到天上去一樣，市場榮景的維持總是短暫的，繁榮過後就開始進入漫長的衰退期。美國國家經濟研究局將「經濟衰退」一詞定義為「經濟活動連續幾個月出現下滑」。英國經濟學家凱恩斯認為對商品總需求的減少是經濟衰退主要原因。亦有為數不少的經濟學家將衰退成因，歸因於消費者和廠商對未來前景缺乏信心所導致。如果大家都知道衰退的成因，那麼為何多年來始終無人能夠提出真正的解決方法？如果政府增加公共支出的方式有效，那麼為何日本多年來的擴大內需政策，卻仍無法有效提升日本國內的經濟環境？

解決衰退問題要對症下藥

為何經濟學家多年的努力，仍無法有效解決經濟衰退的問題？這中間到底出了什麼差錯？這可能要從二個層面來探討，第一是從一開始便開錯了藥方，沒有針對問題對症下藥。第二則是根本就搞錯方向。如果是開錯藥方，那麼這樣問題還是有解決的一天，因爲知道生病的原因，就算吃了許多的藥物都沒有成效，但總還有一個方向可以尋求解答。就像是得了癌症，雖然許多藥物都無法治療不見成效，但總是有特定的方向尋找醫療的方式，總有一天還是能夠找到眞正能治療的藥物。

但若是根本搞錯了方向，連問題的性質與本質都搞不清楚，誤解了經濟衰退發生的眞正原因，那麼就算研究再多的內容，也無法得到眞正的解答。這就像一個人得了病毒所引起的疾病，醫生卻總認爲該疾病是細菌所引起的，因而醫生每次總是給予治療細菌疾病的藥物，這樣就算給再多抵抗細菌的藥物也是無濟於事（抗細菌用的藥，對於病毒引起的疾病是完全沒有療效）。所以，或許是我們一開始就完全搞錯經濟衰退的成因，那麼就算如何下猛藥，實施各種振興經濟方案，經濟衰退的問題也無法獲得解決。

事實上，經濟從繁榮走向衰退這個問題，發生的原因可以從二個方向來探討。第一是假設金錢大量流向少數人僅是短期現象，不久後，貨幣就會再從少數人手中流回市場。這種衰退的成因還好解決，因爲縱然民眾的收入在短期內減少，但等到資金再度流回到市場時，民眾可以藉由工作獲得更好的收入，市場消費又能回到正常水準。

第二則是假設金錢流向少數人屬於永久性的現象，也就是金錢流入少數人的口袋後，便不會再流回市場。如果經濟衰退是屬於這種成因，那麼我們可以非常清楚的知道，財富不斷地大量流往少數人手中，而這些財富再次回流市場的比例卻越來越少。這麼一來，市場流通的資金就會逐漸減少，最後大多數人就算再努力工作也賺不了什麼錢，民眾無錢可用，造成市場永久性的衰退。

市場如果處於第一種假設情況，則當經濟衰退發生時，我們僅需針對廠商、失業者、銀行等採取各種援助方案即可。因爲資金短期內就會再度回流，只要等到資金再度流回市場時，民眾就有能力開始消費，景氣便能再度活絡。

然而，若市場是處於第二種情況，除非有方法可以阻止資金在少數人身上停留，否則財富在少數人身上累積越多，貨幣使用效率越低，直到市場流通資金消耗告竭爲止。從歷史經驗得知，造成經濟崩潰的主要原因，無一例外皆屬於第二種情況，也就是當財富開始往少數人大量集中後，就再也不會流回到市場中。所以，過去改善經濟持續性的衰退，最後皆是以革命或戰爭的手段，來進行財富結構根本上的調整。戰爭過後，政治權力結構發生變化，財富結構又一次重新洗牌。

一般來說，少數人擁有大量的財富，他們就具備驚人的財富吸納能力。他們可以用大量資金來取得競爭上的優勢，以優越的競爭條件來與其他對手較量，一般廠商根本無法與之抗衡。以韓國三星的半導體製造爲例，三星可以花1兆台幣發展半導體製程，台灣大廠卻可能只有幾十億台幣投入研發。在研發經費極大的差距下，三星就可以比台灣廠商更快研發出下一代的生產製程。每一個新製程，都可以使三星公司在生產速度與成本上取得大量的優勢。所以，三星每顆記憶體只賣1美元還能得到利潤，但台灣廠商因製程較落後的關係，就算每顆記憶體賣2美元，可能還得要賠本。兩者在競爭條件上的差距，使台灣廠商在市場上，無論怎麼努力也追不上韓國的三星公司。這也是三星公司總能在世界幾個重要的科技領域，取得絕對市占率（50％以上的市占率）的主要原因。進一步的說，三星在擁有雄厚的財力後，他們在競爭上就可以取得絕對的優勢，然後再以這些優勢，大量打敗競爭對手，獲取龐大的市場利益。

所以，在各個商業領域中，市場總會被少數幾個企業給壟斷或寡占。這讓當時資本主義最具代表的美國，亦開始制訂各種限制自由競爭的反托辣斯法案。因爲在自由競爭市場中，擁有資金就等於擁有絕對的競爭優勢，絕對優勢就會造成各種競爭上的不公平，並進而破壞整體市場的運作與調整機制。

財富繼承破壞市場機制

若無法對財富的累積現象進行調整，擁有大量財富的人，又以財富做爲競爭基礎來搜括財富，再進一步擴大吸納市場的資金，市場資金終將被吸納一空，市場競爭機制蕩然無存，經濟體系亦將受到嚴重的影響與破壞。

另一方面，財富繼承是破壞市場機制的另一個關鍵因素，財富不可能不受限制地無窮供應，若少數人以資金優勢來擴大財富累積，甚至將財產繼承給下一代並繼續吸納財富，那麼市場終將無錢可供運作，經濟也會無可避免地出現崩潰。如無法解決財富累積的問題，等於無法解決經濟衰退的問題，最後亦將成爲經濟崩潰的關鍵因素。

活絡市場的最基本要件，就是要讓民衆可以不斷地進行消費。如果所有人都能夠維持一定的消費水準，經濟就能永遠繁榮下去。相反的，倘若市場資金只是不斷地流入少數人的口袋，而這些資金卻又沒有適當的回流機制的話，最後市場終將無錢可用，經濟也就沒有繁榮的可能。

當經濟繁榮的時候，失業率通常會降至極低的水準，多數民衆普遍擁有工作，且薪資水準比任何時期都要好。這時期的民衆樂於消費，熱門商品經常供不應求，廠商與店家如雨後春筍般設立，市場呈現前所未有的榮景。

但令人感到奇怪的是，既然人人都有錢賺，民衆樂於消費，廠商也積極生產供應，那麼市場又爲何會突然從繁榮中滑落？是受到政府的政策所影響？還是政府道德勸說有了成效？還是人們出於天性，自覺地停止了消費？

實情並不如經濟學家所宣稱的那樣，利率的高低並非決定市場活絡與否的關鍵因素，決定市場活絡與否的主要力量，在於民衆消費金額的多寡。市場中消費最多的部份，仍是一般大衆的生活用品。一個人擁有再多的財富，也不可能一天到晚購買大量的衣物、食物、電子商品等日常用品。商人只要有錢可賺，利率再高也無法阻止他們投資。民衆只要有足夠的收入可供消費，存款利率再高，也無法阻止民衆消費的意願。然而，上述心理層面的因素，卻是利率理論中所忽略未談的部份。以偏概全的經濟研究充斥於各種經濟論文中。這些有意避而不談的部份，卻是經濟運作中的重要部份。錯誤的論點導致了各種錯誤的經濟政策，也造成許多經濟問題，都無法獲得有效的解決。

我們可以從經濟繁榮與衰退的變化得知，繁榮時期商品需求大於供給，衰退時期則是商品供給大於需求。那麼究竟什麼原因會造成經濟繁榮或是衰退？爲何本來欣欣向榮的市場會突然崩潰轉向？答案只有一個，這完全是市場裏的資金發生變化所造成的。

貨幣方程式解讀價量問題

美國著名的經濟學家歐文·費雪（Irving Fisher）曾提出費雪貨幣方程式MV＝PT。其中M爲貨幣供應量，V爲貨幣流通速度，P爲價格，T爲數量，簡稱GDP。方程式中明白指出，貨幣流通量影響商品的市場價格，過量的貨幣流通則會引發商品價格的上揚。

那麼本來足以應付市場運作的貨幣爲何會突然減少？原本熱絡的商品交易又怎麼會一下子沈寂起來？

市場裏的資金本來足夠應付市場需求，但過多資金逐漸落入少數人口袋後，市場因缺乏資金運作，然後便引發了一連串的經濟衰退現象。商品消費的主要力量來自於一般民衆的消費，民衆不可能無止境地消費，民衆的消費力會受限於其薪資水準，所得越高，則他們消費的金額通常就會越多。假使在某一段經濟熱絡時期，民衆普遍放心地大量消費，市場也出現繁榮的景象，但當現金只是不斷地流入少數人手中，卻很少從這些人的口袋再流回市場，這樣市場裏的資金就會開始逐漸減少，然後形成衰退的惡性循環。此時，一般民衆除了個人日常開銷外，因爲所得的降低，及對未來的生活產生了疑慮，所以他們非必要的支出將減少得更多，大家普遍地自發性減少消費。

現在將市場循環倒過來說明，個人消費的減少是由於收入的減少，而收入減少是因爲廠商減少員工僱用，僱用減少則起因於商品供給大於需求，商品供過於求則源於消費的減少。我們知道市場活絡與否完全仰賴消費量的多寡，但消費量的多寡又是基於消費者的消費能力。如果市場資金流往某處後，又能透過員工消費等量地流回市場，那麼廠商一樣會有足夠的利潤，來僱用員工與發給薪資，市場就不致陷入衰退。

如果市場資金不斷地流入少數人的口袋，而這些人的消費又無法等量提高的話，那麼市場裏的錢當然就消失不見。舉例來說，假設市場裏有100元，某甲每次皆能賺得10元，但他每次賺得10元裏都僅消費1元，那麼可想而知，市場裏的錢將很快的全被某甲給拿走。

若以動態的情境來表達，假設市場裏有100元資金，每年市場資金都能額外增加10元，但有一群人賺多用少，每年賺20元僅消費8元，所以每年市場都有12元（20－8）淨流入這群人的口袋。市場每年扣掉額外增加的10元，市場裏的資金將每年減少2元（12－10）。如果這個條件不變，50年後市場裏的資金，都會被這群賺多用少的人給拿走。

如果財富集中在少數人身上，就算這群人消費比別人更多，也抵不過眾人的消費。我們都知道，市場不可能僅靠少數人的消費就能順利的運轉，舉例來說，本來是每個人各賺1元，每個人的支出都是1元，所以100人合計賺100元，也消費了100元。但後來有1個人叫做甲，賺了99元，其他99個人合計只賺了1元，這99個人將1元全部消費掉，但另外99元集中到甲的身上後，總共消費了50元（邊際消費傾向遞減法則）。經過計算後，甲賺了99元只消費50元，再加上99個人合計僅賺1元，亦消費掉僅賺的1元，總消費也不過是51元。比起原來100人各賺1元，也各消費了1元，整個市場便少掉了49元的消費（100－51）。

財富過度集中將使市場消費大量減少。大量的財富集中，等於使每個人可消費的金額變少，接著造成市場萎縮、廠商利潤減少、員工僱用減少、薪資下滑等惡性經濟循環。所以，經濟不可能僅靠少數人的消費就能維持，財富大量集中的結果，就等於是剝奪他人生存的權益，以及妨礙經濟的正常運作。而熱衷收集財富的人，到頭來也同樣會連帶受到經濟衰退的影響。因爲市場規模縮水的關係，將使這群人的財富也同樣出現不良反應（利潤縮水、虧損等），甚至導致財富的縮水。

經濟小語

發明貨幣不是爲了收藏，而是爲了消費。

第四節 大水庫法則

讓水流回水庫就不虞匱乏

推動市場活絡的動力是貨幣，市場中的貨幣流通越多，經濟就會越活絡。所以，只要能讓貨幣不斷地回流至政府，然後再透過政府，以各種政策將貨幣重新分配出去，讓社會大衆皆能夠得到適當數量的貨幣，經濟就能永續繁榮下去。

人類社會自古以來，財富分配就極端的不平均，其關鍵原因在於少數人可以利用財富，以極大的競爭優勢累積財富，富人就像一個盛水的大漏斗，一次可以流入非常多的水，而窮人則像孔徑非常小的漏斗，每次流入的水都是極少量。富人的大漏斗一次可以流入的數量是窮人漏斗的千百倍，所以到最後，絕大部份的水幾乎都流入富人的水庫裏。這是爲何政府縱使發行再多的貨幣，也改善不了一般人收入不斷減少的情況，因爲絕大多數的錢仍是進入了少數人的口袋。

若未能有適當的方法來改善財富的流向，終將造成富人與窮人的財富差距越來越懸殊。最後，民衆無足夠的金錢可供生活，連生存都出現問題，社會將形成嚴重的貧富差距與對立，而經濟也再無恢復繁榮的一天。

貨幣不可能無限制地發行，縱然經過多年的貨幣發行，貨幣發行總量總會有一個限額。無奈的是，少數人不斷地擴大累積財富，嚴重影響市場中流通的資金，然後經濟運作開始出現各種問題。政府縱然擁有龐大的資產與資源，也不可能無限制舉債下去。從現今各國歷代的財政狀況來看，政府長期舉債的結果，只會讓整個國家最後淪爲私人的財產。

中央政府好比是一個大水庫，經由管線（分配）輸送，將水分配到每一戶家中，每一個家庭使用完的水，會由水溝流入大海，再經由蒸發，以降雨的方式流回大水庫中。只要讓所有的水都能夠流出去，並重新回流至大水庫裏，民衆就不必擔心無水可用，農田也才有足夠的水源可供灌溉。所以，如何讓水能夠不斷地回流至大水庫裏，便是讓經濟永續繁榮的關鍵。

從歷史的資料可以知道，過去發生各種嚴重經濟問題的背後，通常是由於少數人擁有過多的財富所引起，社會資源全被少數人壟斷，造成多數人無法生存、市場蕭條、政府財政窘困等。政府與民衆最後淪爲少數人的附庸，世世代代供養這群人。政府若無法改善貧富差距過大的問題，最後不但民衆基本生活發生困難，連政府的財政運作都將產生嚴重危機。

試想，若有人不斷地累積財富，在財富有限的情況下，某些人的財富變多了，其他人的財富是不是就會開始變少？假設有人擁有社會99％的財富，除了這個人以外，其他人不都成了低收入者？貧富差距過大的問題，不在於貨幣發行量或是商品生產量的多寡，而是少數人累積財富的優勢。如讓這些人將財富世代傳承下去，這世界恐再無恢復繁榮的一天。

極度破壞帶來新機會

每當社會發生重大變革後（如革命、戰爭等），因爲都市受到大量破壞，使得處處都是百廢待舉的狀態。各種重建需求形成大量的工作機會，所以到處都是賺錢的機會。經濟從谷底翻揚後，大量的商品需求使得工商業迅速發展。在經濟快速發展的初期，少數人集中財富行爲尚未對經濟造成嚴重的影響。但等到經濟成長開始趨緩，整體財富增加的速度不若以往時，財富過度集中的問題便漸漸浮出水面，經濟開始出現結構性問題。當財富大量流入少數人手中，少數人取得數量上的絕對優勢後，經濟問題將從數量問題轉爲分配比例的問題。所謂分配比例問題，是無論經濟好壞，都不會影響少數人在財富上的分配比例。

假使貧富差距是一種數量上的問題，那麼貨幣不足，則增加供給數量就可以獲得解決。舉例來說，這世界有100元，有99元被一個人占有，如果經濟衰退問題屬於貨幣數量不足的問題，那麼再增加發行100元，那麼這個世界又有了100元可用，市場又可以重新活絡起來。

但財富分配比例上的問題，卻無法從增加貨幣發行而得到解決，因爲擁有99元的人，具有競爭上的絕對優勢，他可以利用財富優勢取得分配比例上的優勢。所以當世界又增加了100元時，依比例他仍然可以再得到另一個99元。這時，貧富不均的情況仍未能獲得改善，這個人依然擁有99％的財富，其他人只擁有1％的財富。長久以往，不論社會增加了多少財富，財富總是會被少數人占有，其他人亦永遠處於貧窮的劣勢。

這種在財富分配上發生問題的例子俯拾皆是，比方說有個地主，擁有100間房屋，一個月可以收取1,000萬元的租金（平均每間房收取10萬元租金）。假設突然發生經濟大幅衰退，社會收入普遍減半，他每間房屋變成僅能收取5萬元租金，那麼他每個月仍可獲得500萬元租金的收入（5萬元租金×100間房屋）。但是，對一般民眾來說，若收入從4萬元降爲2萬元，他的生活就可能從小康生活，變成入不敷出的貧困生活。相反的，在經濟活絡時期，若民衆的收入增加1倍，那麼他的房租收入每間就可能變爲20萬元，100間房屋的租金收入就會變爲2,000萬元（20萬元租金×100間房屋）。

所以，當民衆的收入增加時，地主的收入也會等幅的增加。當民衆收入減少時，地主的收入雖然同樣地減少，卻仍比一般民衆賺得多。這種例子拿去放在大企業主身上也是同樣的情況，員工始終僅獲得足夠生活所需的收入，企業主在不景氣時縱然賺得比以前少，但其收入仍是遠超過一般民衆。當民衆入不敷出時，企業主卻仍可以繼續過著奢華的生活。如果經濟一直這樣運作下去，財富當然必歸於少數人所有。

如果一個大地主或企業家，將手中擁有的財富繼續遺留給子孫，其後代不需任何努力就能繼續大量累積財富。財富差距始終未能獲得改善，反而繼續惡化，最後多數人無錢可用，市場無人消費，經濟終將邁入死亡。

水庫若無水可用，大家分配不到水，就算再會耕作的農夫，缺乏水源灌溉一樣無法讓土地長出作物。同樣的，若要讓經濟繁榮，其最基本的條件就是要讓大衆有錢可以消費，要讓財富能夠形成循環，市場裏的商品才會有人消費，經濟才不會走入衰退，才能永續繁榮下去。

經濟小語

讓流出去的水再回到水庫，農夫才有水可以灌溉作物，貨幣流向也是相同道理。

第五節　肥水不落自家田

遺產制度是財富集中的病因

若能消除因財富的過度累積，而造成的經濟衰退問題，那麼人類就不用擔心經濟會有出現衰退的一天。在現今的遺產制度下，財富始終無法從少數人的手中流回到社會，財富集中問題總是不斷地干擾著正常的經濟運作。所以，解決財富過度集中的唯一手段，只有讓財富累積停止於一個人的生命時間，當一個人生命結束後，就讓他手中的財富回到政府手中，再經由政府透過各種政策分配出去，這樣財富就能重新回流到市場中運作。財富如能隨著時間而有適時的回流機制，這樣社會就能有足夠條件（貨幣充份流通）延續繁榮。廠商始終能在市場中賺到錢，民衆也可因有足夠的工作機會，可以長期保持一定的消費力，市場不愁無人購物，繁榮現象就能無限地延續下去。

對個人來說，儲蓄本是爲了因應未來生活可能發生的變化，這是人類預防生活出現困境，而有的安全危機意識。另一方面也是爲了傳宗接代，人類累積財富就像動物累積食物那樣，要留給後代足夠的生活條件。若以目前的社會機制來看（適者生存），子女的未來完全無法藉由政府得到任何的保障。所以若想讓人毫無保留地放棄將遺產留給後代，除非政府有足夠的保障條件，否則可說完全是件不可能的任務（雖少數富豪曾宣稱死後要將財產全數捐給慈善單位，不留給後代任何財產，但畢竟那是少有的特例）。

現行世界只要有遺產這種制度的存在，財富的累積就永不會停止，對經濟造成的影響也就不會終止。一個人活著的時候大量收集財富，便已經嚴重影響到經濟的正常運作，而隨著這個人生命結束，對經濟的影響卻仍隨著遺產的保留而繼續下去。如不徹底改變這種保留遺產的制度，人類歷史必然永遠不斷地重複繁榮與衰退、戰爭與重建的循環。

財富的累積存在著富者恆富的效應，一個富人總是比一個窮人能更容易賺到大量的金錢。擁有大量財富的人，他可以不斷地嘗試各種賺錢機會，並從失敗中再獲得成功的果實；而缺乏財富基礎的人，不但創業條件不足，甚至連失敗的機會都沒有。一般人只要創業失敗了，就很難再重新來過。比方說，有人辛苦一輩子，好不容易存了2百萬，最後卻因爲創業失敗而全部賠光，那麼這個人還有機會再存2百萬後，再來創業嗎？相信這個人再存2百萬的機會是十分地渺茫，就算眞的存到了2百萬，因爲先前失敗的慘痛經驗，也可能寧願存起來將來養老用而從此不再創業，那麼他便永遠失去致富的可能。

擁有大量財富的人其處境就大不相同，他可以拿2千萬來創業，一年隨便賺都有2百萬的收益。就算這次失敗了，他可以再拿2千萬去從事其他的行業。大多數的人就是在這種競爭制度下不斷地被淘汰，大部份財富也很自然的落入這群人的手中。

富者恆富的效應

財富的增加是有限的，但財富集中的速度，卻會因爲財富效應而變得越來越快。當財富大量集中後，多數人財富將相對的減少，市場消費開始減少，廠商生產速度放緩，最後使得財富創造的速度趨緩。當財富增加速度放緩後，財富集中的問題始終未能獲得改善，造成一般民眾收入越來越少，市場持續衰退的惡性循環。

經濟學家強調，若想要活絡經濟，就要讓人們減少儲蓄並增加消費。然而，對賺不到錢的一般人來說，沒有錢又如何能夠消費？

爲了讓財富能夠再度分散，就必需降低財富累積的效果。降低財富累積速度的最根本方法，就是實施無遺產制度，也就是任何人的財產僅供個人在活著的時候享用，而不能隨意移轉給他人（包括子女）。一個人活著的時候，可以盡情地賺取財富，也可以隨意的享用財富，但一個人死亡後，其財產則回歸給政府，這樣政府才能有足夠的資源可以運用，財富才有重新流回到市場的機會。

無遺產制度則是一種史無前例的經濟方案，以這種方式可達到釜底抽薪的效果，從根本上解決財富過度集中的問題。但想要實施這個經濟改善方案的難度很高，如無完善的配套措施，幾無實施的可能。一輩子辛苦賺來的財富，如無法留下來保障後代的生活，恐將引發非常強烈的抗拒。

所以，若要減少收回財富的阻力，就必須要讓個人不再執著於保留遺產給子女。

若問爲何要留下遺產給子女？絕大部份的人都會回答「肥水不落外人田，自己的錢當然要留給自己人」，但其實說穿了，這些都是爲了讓自己的子孫能持續繁衍，也是爲了讓後代過得比別人更好。過去中國人既有的傳統觀念，就是要將財產全部都留給子孫，這自有其背後的理由，一方面是因爲自己辛苦所賺得的財產可以留給後代享用，另一方面卻是因爲政府無法充份保障個人的生存條件。爲了讓後代能夠永遠繁衍下去，只要有機會，他們就會想辦法獲取大量的財富，以便後代能有比別人更好的生存條件，只要自己後代的競爭條件越好，便越能夠永遠地繁衍下去。

但若今日換了一種社會模式，政府對於個人生存都能提供最基本的保障，子女的生活、教育、醫療等各種費用都不需家長擔心，這樣就能降低大量的阻礙而實施遺產歸公的方法。

經濟小語

只要能防止少數人無止境地財富累積，就能避免經濟衰退的發生。

第六節　繁榮的維持

繁榮就是讓大家有錢消費

繁榮的經濟絕對不是靠少數人的消費就能夠維持的，一個人就算再有錢也不可能無限制的消費。富人消費金額雖然遠高於一般人，但這些富人所購買的商品種類與數量非常有限，所以若僅靠富人消費，有許多產業都將因爲無人消費而消失。顯然衆人消費的力量，不是靠少數富人的消費就能支撐起的。當社會上的消費逐漸變成只有少數人在消費，那麼就代表著許多產業將會退出市場。這是因爲少數富人消費只會流入特定幾個少數產業，而多數產業則因缺乏民衆的消費，會出現萎縮與倒退。縱然少數產業能受到富人消費的嘉惠，但整體經濟卻抵不過多數產業的萎縮而持續走下坡。

相反的，若能讓民衆都能維持一定的購買力，商品生產出來都有人願意花錢購買，這樣就不用擔心經濟會邁入衰退。一般生活支出是每個人在日常生活上必要消費的部份，像是三餐伙食、日常交通、平日穿著衣物等，只要有人的地方就一定會有這些必要的消費。另一部份支出則是基於個人欲望而產生的消費，這個部份要看個人所得的多寡而定。扣掉必要支出後，依收入剩餘的多寡，來決定非必要消費的支出部份。個人收入扣掉必要支出和儲蓄後的部份，是大部份商品的消費來源，這部份的消費亦是推動經濟繁榮的動力之一。

如想讓個人提高消費金額，必須從兩個層面著手，一種是想辦法增加個人所得，另一種則是降低儲蓄的必要性。要想提高所得最有效的方法，就是讓失業人口盡可能降低，如讓人力市場經常處於需求高於供給的情況，民眾薪資就能夠普遍的提高。如果社會經常處於低失業的情況，廠商就必須提高薪資水準來吸引民眾求職，而若廠商不願意提高薪資，廠商自然就找不到人，該公司的經營也會陷入困境。

另一方面，個人儲蓄的理由，大多源於對未來危機意識的一種自我保護。因此，若要讓個人減少儲蓄而增加消費，就必須降低生活中的各種不確定性。只要能讓每個人的生存條件獲得充份的保障，就能大幅降低民眾儲蓄的想法，以及增加民眾消費的意願。在一定必要條件下，讓個人的生存問題可以獲得政府的完全保障。政府只要願意提供個人，在生、老、病、死等生活問題上的一些基本保障，那麼民眾就不需要擔心未來的生活問題，個人在儲蓄上的必要性也會降至最低，這樣就能有效地增加整體的消費。

增加消費的誘因

每個由繁榮轉向衰退的歷史事件發生，並非是因爲大家都突然不願意工作了，而是因爲市場消費力突然出現大幅度萎縮。民眾不是不願意消費，而是因爲對未來生活的不確定性充滿了恐懼，才會使人積極儲蓄，造成消費意願下滑。每一次的金融風暴發生，都會使市場消費力大幅下降，消費力的下降並非來自於對金融風暴的恐懼，而是在金融風暴發生前，財富早已大量移轉和集中，廠商利潤與個人所得逐漸減少，市場已有消費力下滑的徵兆。消費力的下降是有跡可尋的，商品銷售速度開始變得緩慢，而金融風暴更加深社會對經濟不確定性的恐懼，使得廠商與個人在金融風暴後便大幅度地減少支出。

然而，倘若一個人在生、老、病、死等生活問題上，都能獲得政府的基本保障時，就能大量降低個人儲蓄的想法，以及增加消費意願，因爲就算將存款全部花光，也不用擔心將來無錢看病，甚至無法養老等問題。當個人不用擔心未來的生活問題時，民眾消費意願將大大提高，市場裏總是有人願意消費，經濟衰退的問題也就不復存在。

如美國、北歐等福利國家，政府都會爲個人提供一些基本的生活保障，像是發生重大疾病時的健康保險，年老退休時的勞工退休金等。但若深入思考，這些國家所提供的保障是否足夠？還是這些保障仍無法讓人安度未來的生活？譬如健保制度，雖然發生重大疾病時，可以讓無法負擔醫療費用的人，以較少的費用來進行治療，但民眾仍需要負擔看醫就診的部份醫療費用。那麼一些收入不高的人，可能一樣負擔不起這樣的費用。所以這些低收入的人，生病時仍是不肯輕易到醫院看病。

又比如勞工保險制度，勞工退休後雖可領到勞保所給付的退休金，但這些退休金是否足夠讓人安度晚年？結果可能會令人失望。政府所謂的勞工退休制度，只不過是另一種形式的儲蓄罷了，這種儲蓄是由政府、企業與勞工共同來分攤，每個勞工最後領到的退休金十分少，頂多只能供民眾退休後花用幾年，更別提未來漫長的退休生活。如果自己沒有房子，又沒其他收入，這筆勞保退休金相信很快就會用完。

許多國家雖然號稱擁有足夠完善的社會福利制度，但再完善的福利制度仍需個人分擔一定比例的費用。若一個人退休時沒有存到足夠的存款，退休後僅靠退休金是絕對無法生活的。現今的社會福利雖然有很多，但每個人仍必須節省開銷，儲存所得，以應付將來的退休生活，這也是多數人需要不停存錢的重要原因。

但假如在一定的必要條件下，就能獲得政府提供完整的生活保障，民眾不用再擔心將來生病沒錢看病，養育子女沒錢照顧，年老退休時無人奉養，民衆不用再爲了將來的生活而煩惱。在未來無憂的環境下，那麼民衆就會願意大方的消費，而不會因爲擔心未來而拼命的存錢。

經濟小語

如果所有人都樂於消費，市場就沒有衰退的問題。

第七節　合理的分配

什麼是合理的分配？讓願意工作的人，有足夠的工作機會與收入，不用再爲了生、老、病、死等問題而煩惱，就是合理的分配。

過去每一次經濟發展的後期，一個人就算再認眞努力工作，也無法獲得正常應有的報酬，這導致許多人生病時沒錢看病，想讀書時沒錢唸書，連一個能讓自己安心過活的住家都買不起。人類世界經過無數次的革命與調整，卻始終保留這種原始的發展模式。按理說，人類是有智慧的生物，不應總是在衰退問題上停滯不前。

從君權神授，到君權民授，再到民選民治，社會治理的方式雖然改變了，卻始終擺脫不了金錢與權力的勾結。現代政府雖多由民眾所選，但由民眾所選出來的政府，所服務的對象卻經常不是大眾，而是極少數共謀利益的人。多數人所選出來的人，鮮少爲大眾而服務，反倒與少數人一起謀取利益，這樣的社會模式卻幾乎從未改變過。許多人工作一輩子，不但買不起住房，甚至連退休後也養不活自己，這樣的社會結構難道沒有改良的方式？

從過去歷次發生社會變動的歷史來看，我們可以清楚的知道，如果社會沒有一套完整的財富循環機制，經濟再次崩潰只是時間早晚的問題。所以，我們不但應該讓人在死後將財富重新回流至社會，還要將財富透過適當的機制重新分配出去，這樣經濟才能有足夠的動力維持活絡，社會才會有更好的發展。

提高消費力的分配模式

讓財富重新分配出去的方式主要有兩種，一種是適時適量的增加工作機會，讓有能力的人，能夠獲得足夠的工作機會，與得到合理的工作收入。另一種方式則是以一定的生活保障，來減少個人生活開銷。民眾若能得到完善的生活保障，他們就不需要不斷地存錢以應付將來的生活。社會應滿足人類基本的生活需求，不應總是讓少數人握有大量財富而不去消費，甚至影響到大多數人的生活。

我們可以看到各國政府努力推動各種公共建設，政府以大筆經費來擴大建設規模，經濟卻絲毫未見起色，民眾收入也未見增加，這是何種原因造成的？難道是民眾有了收入，又全拿去儲蓄所致？還是根本用錯了方法？

若仔細觀察這些所謂的擴大公共建設方案，就可以知道大多數的資金仍進了少數人的口袋。廠商獲得政府標案後，僱用人數不見得會增加，貨幣無法流入一般民眾口袋，自然無法增加就業和消費。可想而知，政府越是增加公共工程建設，則財富越是大量地流入少數人口袋，財富集中的速度反而越來越快。所以，若是用錯了方法，不但無助於解決經濟問題，反而會更擴大原本的問題。

改善勞動供需問題

因此，政府應要能適時平衡勞動市場的供需狀況，就如同漢代的均輸平準制度一樣，在人力需求低的時候，可以增加政府部門的工作數量，在人力需求高的時候則降低工作數量，讓失業率盡量維持在低水準的狀態。失業率多寡影響民眾生活至關重要，但失業問題不但未讓政府重視，反而將這個問題推卸給個人與大環境的影響。然而，追根究柢深入探討，我們可以發現隨著財富集中化，市場資金減少，公司大量裁員，失業率就必然會提高。失業人口越多，等於社會增加越多消耗單位，這些人無法為社會提供貢獻，反而逐漸侵蝕國家的根基。在經濟衰退期，企業減少僱用的情況下，政府如不想辦法增加就業機會，又如何能期待失業率會自然下降？民眾擔憂失去工作，恐懼經濟衰退、薪資減少，這樣又如何能讓民眾願意增加消費？

過去共產制度最為人所詬病的地方，就在於共產主義完全忽略人性的作用，導致各種政策實行後，出現完全相反的結果，甚至導致許多可怕的災難。因爲忽略人的基本心理影響，共產主義不分個人貢獻多寡，一律將所得平均地分配給所有人。因爲工作努力與否並不影響所得的多寡，所以從此再也沒有人願意努力工作，生產出現大幅度衰退，整個國家運作開始變得沒效率。當個人溫飽都出現問題，社會極度不安，極可能再度引發革命時，最後連東歐許多共產國家，都不得不放棄共產制度。

相反的，任何一個成功的制度，都是充份考慮到人性問題後才實施的。人類社會本是一種互助互利的社會，彼此分工合作的關係越好，社會就能有越好的發展。先進的社會制度，絕對是以衆人共同努力爲基礎，每個人可各盡所能的貢獻自己，社會也就能獲得突飛猛進的發展。

我們可以發現許多政府爲了降低失業率，提供了許多臨時性的工作，這些工作不但工資以最低薪資計算，而且毫無工作內容可言，其性質幾乎等同直接發放救濟金，只不過名義上好聽一點罷了。這些得到工作的人，他們無法從中學習到任何工作技能，其情況跟失業者幾乎沒兩樣，只不過一個有錢可領，一個沒錢可領。這些人得到這些臨時工作，經過一年後仍是什麼技能也沒得到，白白浪費青春。如果剛從學校畢業的人，只能做這樣的工作，這就等於政府花錢來平白消耗年輕人的青春。

所以，政府在失業率提高時所提供的工作機會，需要經過一番思考與規劃，讓這些短期工作者在領到薪水的同時，也能經由工作不斷地自我學習與成長。以便將來在經濟情況有所好轉後，能夠與社會接軌重新回到工作崗位。這種由政府提供的臨時性工作機會，也應該要能符合與社會一般行業相當的工作內容（如文書行政、企劃、業務等），如此不但可適時地降低失業率，與減緩社會上調降薪資的壓力，一方面亦可累積這些失業者的工作經驗，以便未來尋求更好的工作機會。

失業率下降後，原本這些在政府部門擔任臨時工作的人，可以用工作中所學到的經驗與技能，轉換到社會上尋找一份條件相同，或更好的工作。此外，政府在失業率增加時所提供的臨時工作機會，其薪資應該要等同於社會平均薪資。這樣才可讓想要獲得高薪工作的人，主動的到社會上尋找條件更好的工作機會。政府在失業率增加時所提供的工作機會，可讓社會維持一定足量的工作，一方面降低社會薪資調降壓力，一方面降低民眾找工作的壓力。民眾有了工作後，就會有足夠的金錢來維持消費力，經濟也就能維持繁榮。

另一方面，在提供個人生活保障上，一定要考量到個人普遍都有怠惰性，如果能不費力氣便獲得生活的保障，那麼就會出現許許多多靠政府養活的人，這樣還有誰願意努力工作？所以如果個人想要獲得基本的生活保障，就需要滿足一些特定條件，才能獲得政府的保障。社會的繁榮是需要仰賴民眾彼此間互助互利才能建立，而各種生活的保障，亦是需要仰賴他人的付出才能獲得。因此，每個人要獲得國家提供的基本保障，便需要與他人一樣貢獻出自己的一份力量。換句話說，如果政府以個人滿足一定的工作年限，即可獲得政府提供的基本生活保障，這樣對每個人來說，都是非常簡單而合理的條件，也符合盡其在我的互助精神。

經濟小語

只要能將回流的財富，合理地透過工作和福利制度再度分配出去，個人願意大方消費，市場資金不虞匱乏，經濟自然就能長久的活絡下去。

第八節　新經濟循環

不論古今中外，從未出現過某一個國家，能夠避免經濟衰退的發生。有的國家甚至因爲財富過度集中，而發生革命和戰亂，最終整個國家改朝換代。說到財富過度集中的原因，仍在於沒有一套合理而完整的制度，來防止財富過度集中。人類發明了貨幣制度，促進人類社會的交易與生產，但最後這個制度卻毀於少數人的行爲，部份人爲了滿足自己的欲望而拼命收集財富，使貨幣流通出現停滯，乃至於經濟發生蕭條。

除了防止財富大量的集中，以及讓已經集中的財富再次釋出外，改善經濟衰退問題沒有第二種解決方法。爲了避免財富不斷地集中，造成經濟發展的停滯，社會必然需要有適當的機制，來讓財富能夠重新回流與分散。

財富不能無限制的世代累積

讓財富回流到社會的機制，就是要消除因遺產繼承而造成財富集中情況延續所帶來的問題。讓一個人的財富在生命結束後，不會再繼續干擾經濟的正常運作。一個人對經濟的影響，應該於個人生命結束後就停止，而不應該放任一個人於死亡後，還持續干擾正常的經濟運作。所以財富集中的問題，便應該隨著一個人的生命結束而停止，不應該任由民衆將財產留給後代，然後持續延續財富的集中。

每種生物都會爲了繁衍後代，而將最好的一部份留給子女，同樣人類也會爲了後代著想，將自己擁有最好的一切，留給子女來享用，這種行爲被認爲是件理所當然的事。然而，從經濟運作的角度來看，大多數人將財產留給子女，對經濟的運作影響其實並不大，因爲這些財富對整體來說只占了很小的比例，影響的層面範圍並不大。但對一個已經累積龐大財富的人來說，社會上大多數的財富已集中在這個人的身上，政府如任憑這個人繼續將財產留給子女，繼承者又以手中的財富再繼續累積，那麼可想而知，不用多久，大多數財富都將盡數歸於這些人的手中。然後這群人又藉由金錢的力量，修改對自己有利的法律，讓自己賺錢更具有優勢，這有如整個國家與社會都被這些人掌控。由民衆合力組成的政府，既不應被少數人掌控，亦不應任由少數人嚴重干擾經濟的運作。

大多數人好不容易建立共識而組成政府，並經由大衆的努力而達到繁榮的社會，卻經常受到某些人拼命累積財富的影響，到最後導致經濟蕭條，失業率大幅增加，商品產量大量減少，財富也隨著不斷流失。人類對此種問題卻總是找不出方法來解決，反倒讓人類對財富的欲望，不斷地干擾著我們社會的正常運作，這難道不是件令人唏噓感嘆的事？如果我們認眞追本溯源，去尋找經濟蕭條的根本原因，我們可以發現，解決經濟停滯與蕭條問題並沒有想像中的困難，只要能夠解決財富集中的問題，經濟衰退與蕭條的問題就能獲得有效解決。

一個人在競爭中贏得大量財富，也讓其子孫可以繼續累積財富，如此下去，這些累積財富的行爲沒有一個終止點，財富集中問題就會越來越嚴重。因此，若能讓財富集中問題隨著一個人的生命結束而終止，到了下一代仍是得靠自己的能力從頭開始，這樣財富集中的現象才能得到適時的調整與解決。

擁有財富就擁有競爭上的優勢，擁有越多財富在競爭上就具有越大的優勢。所以從巨紳富豪到一般市井小民，幾乎沒人會主動放棄將財產留給子孫，因爲人人都希望自己的兒女能過好日子。從生物的延續角度來看，這些富人都有留下財產給子女的充足理由。況且，政府尙無法確保其子女未來的生活，卻要徵收全部財產，這在推行上當然就會面臨到嚴重的阻力與強烈的反彈。

讓財富回流，保持市場運作的動力

然而，如果一個人的子女與後代生活，都能獲得政府一定的保障，生命延續的問題得到解決，這樣就能降低要將財產留給子女的強烈想法。接下來將一個人所留下的財產，回歸政府去實施各種福利政策，以及提高市場就業率，這樣市場才會有持續運作的動力，才能使市場永遠的繁榮下去。

過去歷史中從未實施過財富回流的制度，致使財富集中的過程，成爲一種不可逆的循環。財富不斷集中的結果，使多數人陷入了生存危機，最後引發動亂與革命，才得以讓財富結構重新洗牌。

每個經濟繁榮的時期，都會有熱絡的市場交易，而熱絡市場活動背後所依憑的就是大量的貨幣流通。倘若貨幣僅流入特定方向而不再流往他處，這樣市場裏又怎麼會有足量的貨幣供大衆使用？一個人就算消費能力再強，也抵不過大多數民衆普遍的消費。當財富集中後，民衆普遍賺不到錢，市場消費力大幅減少，進而使經濟進入衰退的循環。倘使民衆的工作收入越來越少，又怎能有辦法讓民衆願意主動拿錢出來消費？失去民衆消費的市場，又怎能期待繁榮的出現？所以，只要讓民衆能有更多的剩餘，並且降低儲蓄的需要，他們就會願意大方花錢，這樣就能產生大量的市場需求，經濟也可以維持繁榮。

〈貨幣循環圖〉說明：

政府為個人提供了完整的基本生活保障（食、衣、住、行、育、樂、醫療等）。在市場消費低迷時，政府會相對的增加工作機會，以降低勞力供需的不平衡。在滿足一定的基本條件下，如個人只要工作期滿25年（不論從事兼職或正職，一日以8小時計算），政府就會為其提供基本的生活保障。另一方面，一個人在生命結束後，遺留的所有財產，都將會歸政府所有。

政府透過各種社會福利與工作機會，將貨幣流向個人。然後個人獲得貨幣後，就可以進行消費，在生命結束前可以花光所有積蓄，或是最後被政府收回，然後再經由社會福利與工作機會，讓貨幣再度流向民眾，這樣形成一個完整的貨幣

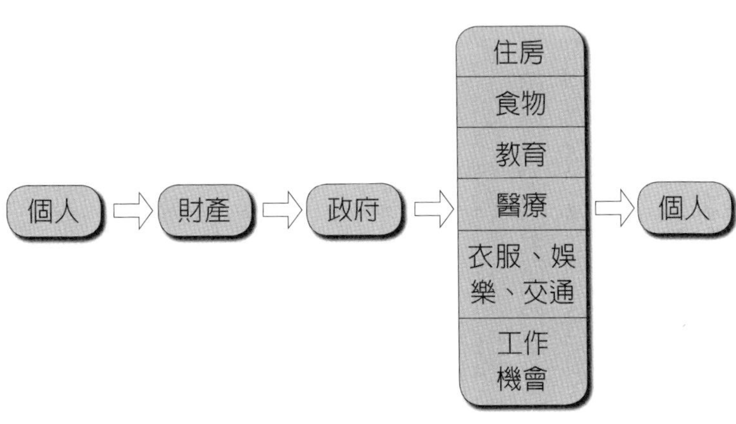

圖3-1　貨幣循環圖

流向循環。貨幣不會因為少數人的累積而停滯，或造成使用效率的降低。

如果自己退休後，包含養育子女等所有的生活問題，政府都已提供了一定的基本保障。那麼民眾不必再為小孩的生活費、教育費煩惱，也不用再擔心薪水花光後，將來退休沒人照顧，無法繼續生活的問題。如果上面的這些機制都能夠有效實行，整個社會將進入完美的良性循環，人人皆互信互助，講信修睦，這樣就離孔子所說的大同世界不遠了。

經濟小語

解決財富集中問題，才是化解經濟蕭條的根本之道。

第四章

水藍色星球

從外太空觀看地球，地球是一顆非常美麗的水藍色星球，就如同一顆藍寶石鑲嵌在浩瀚漆黑的宇宙中。

地球存在時間約爲46億年，被發現最早的人類，約距今只有200萬年。人類存在於地球的時間，占地球的歲數連萬分之一都不到。人類眞正影響地球最劇烈的時間，卻是從近200年開始。人類以200年左右的時間，改變了地球上大部份的生態樣貌。自工業革命開始後，人類的發展十分迅速，以100年的時間快速擴散到全球，再以100年的時間，改變了地球上所有適合人類居住的地區。

在人類有限的知識範圍裏，地球是目前唯一適合人類居住的星球，這個星球位於銀河星系中的太陽系裏。從外太空眺望地球，可以看到一顆十分漂亮的水藍色星球，海洋面積約占這個星球面積的四分之三，維持生命所需要的水，幾乎存在於這個星球的各個角落。擁有水而且是大量面積的液態水，擁有這樣條件的星球，在目前已知的星球中是沒有的。因爲這不光要星球擁有一定厚度的大氣層，還需擁有足量的水，以及距離恆星遠近適中等條件。想達到所有條件的機率，大概就跟中樂透相差不遠。

以形成地球的天然條件來說，擁有大量的液態水、長年保持適合的溫度、環境中擁有各種類型的動植物生態等，在這個宇宙中，地球上的生活環境對生物來說，絕對是一個不可多得的天堂。對一個星際旅行者來說，如遇見像地球這樣的適合生物生活的星球，就如同在沙漠中遇見綠洲那樣令人感到振奮。

人類有效的利用各式各樣的工具，創造出適合自己居住的環境，但也同時大量改變了地球原來的樣貌。在這個星球上，人類是唯一具有高智慧的物種，對人類來說，似乎地球上所有的改變都算不上什麼，因爲這一切的改變就是爲了讓人們有更好的生活環境。然而，人類雖然自認能夠掌握地球上一切事物，但說穿了，這種想法是因爲地球沒有其他物種能與之一較高下，若遇上了從其他星球來的高級生物，人類對他們來說也可能就像人類看待螻蟻般的卑微。

以人類現今的科技，就連踏上相鄰的星球都存在著很大的困難，更遑論要去到一個遙遠的星球。光從這點來看，若宇宙中眞有其他文明存在，他們的科技可能是遠超過地球科技的發展。依地球人科技進步的速度來算，可能不知要經過多少萬年，才能達到他們所擁有的水準。

若以外星人的角度來觀察地球人的行爲，人類社會可說是與地球上其他生物沒什麼分別。因爲人類社會始終停留在生物彼此競爭的階段，人類只能以競爭來帶動社會進步。許多時候競爭不但未帶來進步的基礎，反而造成自相殘殺文明的破壞。與猿猴社會無異的結構，人類始終未能脫離傳統競爭的形式。「物競天擇，適者生存，不適者淘汰」這句話是達爾文爲生物演化所做的註解，但達爾文進化論的觀點是說明進化，而非進步。生物進化是爲了適應環境以繁衍後代，進步卻是改善生活環境讓自己能過得更好，兩者在文字上看似相去不遠，但實質意涵卻有極大的不同。

人類始終無法擺脫競爭與淘汰的社會模式，那麼人類將永遠處於進步緩慢的環境中。因爲有99%的人其主要生存意義，都只是爲了讓自己活下去，才有工作的動力。人與人相互競爭才能得到更好的生活條件，人類大部份的時間與精力，永遠被浪費在種種的競爭遊戲中。若人類不能改變繁榮與衰退持續循環的運作模式，人類在發展上就很難有突飛猛進的進步。若能徹底擺脫持續相互競爭的運作型態，人類未來的發展將有無限的可能。

第一節　太陽危機

許多人可能從未想過，本來以爲會發生的世界末日——2012年12月21日，當天卻什麼事也沒發生，但人類族群最大的生存危機，卻將發生在距離該天的100年以後。

2112年的灼熱危機

根據瑪雅曆的記載，2012年12月21日是「世界終日」，書曆上提到「當黑暗降臨後，黎明便永遠不會到來」。然而，在當時的這天，卻連一件嚴重的天災或人禍都沒發生，當黑夜來臨時，連一點危機的氣氛都沒有，太陽在隔天依舊照常升起。

然而，當時間經過100年，在100年後的同一天2112年的12月21日，專門負責照亮地球的主要恆星——太陽，這顆恆星上似乎有一些不尋常的現象。從地球上觀看太陽，太陽看起來比以前大了許多倍，而且太陽光變得異常地明亮。根據各地天文台所發布的觀測報告，在太陽上的閃焰數量，突然大幅度的增加，幾乎每隔幾分鐘，太陽表面就會冒出巨大閃焰。就連我們瞇著眼睛觀看太陽，都能察覺到太陽出現不斷膨脹縮小的變化，就好像太陽活了起來，變成會呼吸的生物一樣。

地球表面隨著太陽活動的異常，溫度瞬間上升許多，這使得本處於寒冷冬天的北半球，高緯度地區如北極地區附近的積雪突然大量融化。在這一天，地球位於中緯度地區的平均溫度，也突然從攝氏零下5℃跳升到25℃，大多數沿海地區的馬路上出現不少積水，南北極地的冰原也出現大片面積的融化，海平面開始持續上升已達將近10公尺，沿海地勢較低的區域幾乎完全被海水給淹沒，許多沿岸居民來不及逃生就被海水沖走。

太陽爆發連續強烈閃燄後的24小時內，全球人口最多的平原地區，有許多地方已被大量海水入侵。根據各國初步的傷亡統計，全球各地因爲海水突然升高，而被海水淹沒死亡人數已超出10億。可能從來沒有人想過，海水竟會這樣如此快速淹沒陸地。海水升高的速度與程度，遠超過人類的想像，在當時根本沒有足夠的船隻，能夠在第一時間救助這些被海水圍困的民衆。

縱使有些民衆住的地勢較高，甚至離山區非常近，但這些民衆也必須盡速逃到地勢更高的地方。因爲地球上大多數的平地都已成了水鄉澤國，原本連成一片的群山，在山下大多被海水入侵淹沒後，已成了一座座的孤島。這些山脈變成的島嶼四周都充滿了海水，阻斷逃往山上的民衆前往其他地方，海水的入侵嚴重阻礙了救援的進行。大量民衆聚集山頂上，一時之間，基本生活物資非常缺乏，根本沒有足夠的糧食與生活用品供人使用。如果沒有即時供應食物與生活用品，民衆馬上就面臨嚴重的生存問題。各國政府緊急調派大量軍隊，組成救難小組，緊急派遣到各座島嶼去組織當地避難的民衆，並利用山裏有限的天然資源，來解決燃眉之急。

南半球的情況一樣也好不到哪裏去，原屬於夏天的南半球氣溫更高得嚇人，氣溫飆高到60℃以上，森林裏處處都是大火，火苗在森林中流竄，引發驚人的火勢。因爲四處都是大火，消防隊根本無從撲滅，當地政府只能以軍隊大量疏散民衆。除了部份河流附近的森林外，整個南半球有90％以上的森林都因高溫而燃燒。有些區域甚至引發無氧的眞空地帶，附近的民衆、牲畜、各種動植物大量因爲缺氧而死亡。

受到太陽史無前例的巨大閃焰影響，各種通訊設備或傳播系統完全癱瘓無法使用，大多數衛星也受到大量太陽電磁波的干擾而墜落地面，有的衛星則脫離地球引力範圍而掉入外太空。地球上所有電力設備也受到大量干擾而無法運轉，地球上人類活動已陷入停滯狀態。夜晚來臨時，所有的城市因沒有電的關係而一片黑暗，人類開始陷入恐慌。太陽異常的閃燄現象，以及接連帶來的重大災害，已使人類感受到前所未有的絕望。在世界各地都發生程度不同的暴亂，各種搶劫、放火、殺人等犯罪事件大量出現，所有人都只能各自防衛，自求多福。

2113年災變過後

太陽發生異常的隔天，太陽表面異常閃焰的威力，完全沒有減弱的跡象。原先南北極地覆蓋的冰雪已大多融化，全球海平面上升了足足60公尺，沿海都市幾乎全部滅頂。受到大規模森林燃燒影響，空氣中到處瀰漫著具有腐蝕性的二氧化硫，這些二氧化硫與空氣中的水氣結合，然後變成酸雨而下降至地面。大量酸化具有腐蝕性的雨落入土壤後開始酸化土地，大片農作與植物死亡，除了少數耐酸腐的植物外，其他植物都枯萎消失。

地球上多數土地已經無法耕作，所有被二氧化硫酸化的土地皆寸草不生，農民僅能利用大量水耕的方式來種植農作物，地下水跟水庫裏的水無法直接飲用與使用，必須經過多種過程處理後才能供人使用。在大規模水耕基地被建立前，全球糧食供應極度缺乏，一般人生活所需無法即時供應，到處都有餓死人的情況。

地球海洋中的狀況也非常糟糕，大量設置在海岸邊的核能發電廠，被上升的海水淹沒後，核電廠裏的輻射物質無法緊急移除，大量輻射物隨著海水侵入而到處漂流。海洋裏的生物因受到大量輻射影響而大批死亡，甚至開始引發海洋生物的基因突變，極少數還存活的海洋生物，也因為體內充滿了輻射物質而無法供人食用。

地球表面的環境已無法讓人正常活動，地面溫度經常高達100℃以上，縱有建築物的遮蓋隱蔽，室內溫度仍舊高達80℃。如不是處於有空調設備的地方，人們待沒多久就中暑，然後發生熱衰竭而死亡。就算空調設備能在如此的高溫下運作，為了降低溫度而消耗的能源，也必然會高得驚人。所以，為了提供一個適合人類居住的環境，各國政府開始傾全力大量開挖地下基地，許多規模龐大的地下城因此而產生。

已具有高度科技發展的開發國家，可以藉由各種先進高端的科技，在地底下創造出接近於地表環境的生活空間。這些國家利用全自動化設備，不斷地往地底開挖，然後放入各種生活設施與配備。就算處於地下100公尺的深度，人們依然可以享有像過去那樣的舒適陽光，科學家在地下城市的頂部加裝可讓陽光直射地底的超大型透明玻璃，有些廣場裝設透明玻璃罩，圓周直徑甚至達到100公尺。為了不讓太陽熱能直接傳導至地下，科學家在玻璃罩上使用多層化學鍍膜來降低導熱。

在地下城市中，某些區域亦配置小型湖泊、河川，以及各式各樣綠意盎然的小山丘，與各種食用農作物。全天啓動的自動空調設備，讓在城市裏生活的人們不會感到悶熱難耐。在地下城市居住的人，其在日常活動中不會有空間的壓迫感。因為地下城市中的建築物離地下城的頂部，至少還有15公尺以上的距離。所以在這裏生活的人們，除了生活範圍受到限制外，幾乎與從前的地面生活相差不多。

然而，另一方面，對於有些財力、物力與科技能力差的國家來說，他們在生存環境的提供上，跟這些先進國家相比，簡直就像是天堂與地獄的差別。他們只能用一些簡易的工具開挖小型地下洞穴，洞穴裏除了設有簡易的抽風設備外，幫助民眾生活的相關配備幾乎都屬於最平凡簡陋的工具。不論在日常生活用水、電力供應，與糧食提供都面臨極度短缺。如果沒有其他國家伸出援手，滅亡只是時間上的問題。

太陽表面溫度發生異常後，地球上各地區的地面平均溫度總是在攝氏100度以上，人們必須穿上如太空人所穿的厚重護衣，才能夠應付灼熱的溫度。如果有人不穿任何防護裝備，就貿然在地面上活動，不但人體受不了高溫的燒灼，皮膚也會受到強烈的紫外線影響而產生病變。

從2112年12月21日太陽活動出現異常現象開始，到2113年6月21日爲止的半年時間內，地球超過90％的生物完全消失，因熱死、淹死、渴死、餓死或發生病變而導致死亡的人口總數，經統計已超過60億。

許多科學家開始著手分析調查，此次危機發生的主要原因。經過科學家深入的研究，這次太陽活動的異常現象，是屬於一般恆星周期性的能量釋放。因爲太陽本身並非爲質量分布均勻的星體，只要某區域聚集大量化學反應物質，而核融合反應引燃這部份密度較高的區域，就會引起大規模的能量釋放。這種大規模能量釋放，所持續的時間很難去估計。

持續釋放能量的時間，要視該密集區域所涵蓋的面積而定。太陽體積大約是地球的一百萬倍，若反應物質密集的區域範圍，就算只有一個地球的體積大小，那麼少則數百年，多則可能達幾萬年，甚至數百萬年才可能釋放完畢，回到正常的能量釋放。對一般人類的生命周期來說，數萬年完全是一個天文數字，等到太陽活動正常時，都已不知傳了幾百代人。然而對於已存在數十億年的太陽來說，數萬年也不過是一眨眼的過程。

經濟小語

環境的毀壞，經濟的癱瘓，人類能夠存活到太陽活動再度回復正常的時候嗎？

第二節　世界政府的建立

團結展現強大的生存力量

各國領袖於2113年1月1日，在地球上地理位置最高首都——玻利維亞的拉巴斯地下城市中召開各國領袖會議。會議討論連續進行了7天，所有與會的領袖都一致認為，人類不應再有種族、膚色與國家的分別。目前唯一能讓人類生存的星球只有一個，就是現在生活的地球。想要移居到其他星球，對現在的人類科技來說，是一種緣木求魚的行為。只有想辦法解決目前所面臨的各種危機與問題，人類才有可能繼續生存下去。目前人類已處於存亡危急之際，只有同舟共濟相互幫助，人類才有繼續存活的可能。

過去普遍推行的自由競爭機制，已不適合於今天地球所處的環境。各國唯有共同組成一個世界政府，讓資源與技術能夠集中使用，這樣人類才能有足夠的動力快速發展出解決太陽問題的科技。因此，在拉巴斯領袖會議中，與會領袖一致決議自2113年1月10日起，地球上的所有國家都必須加入世界政府，全球國家將視爲一個命運共同體，以讓所有力量集中運用。如果有不願意加入的國家，世界政府將對那個國家面臨的危機袖手旁觀，也將不再提供任何的援助。

會議在討論共組世界政府的過程中，與會領袖中並非沒有反對組成世界政府的人，有些獨裁國家領袖，更是從一開始就極力反對。然而當美國代表威脅他們，如果他們拒絕加入世界政府，他們就會面臨所有援助被斷絕的危機。因爲世界政府無法提供額外的資源，給那些不願意加入的國家。

這些獨裁國家的領袖當然明白，這個美國代表說這些話的背後含意，如果不願意加入世界政府，就算該國還能夠獨立支撐一下子，但在面臨長期資源匱乏的情況下，該國不但人民無法繼續生存，就連他們自己也不可能獨立維持生活，最後所有人都死光了，國家當然也就不會存在。拒絕加入等同宣告整個國家在不久的將來就會自動消失不見。所以，無論各自的心裏盤算是什麼，他們最終無一例外，全部贊成通過共組世界政府的協議。

全球事務決策採合議制

世界政府採取由7國領袖組成的合議制，由人口數目前10大的國家領袖中抽出3席，另外4席由剩下的其他國家抽籤決定。因此人口大國一定會占有其中3席，剩下4席可能由大國擔任，也有可能會是小國擔任，這樣既可避免大國的獨占造成政策推動上忽視小國，而小國也有機會可以充份表達意見。成員每一任的任期皆爲6年，主席則由7席成員互選產生。由於人口的移動，幾十年後地球上幾不存在國家的分別。所以，各國領袖在會議中決議，從第5屆起，全球席次以地理範圍與人口分布比例，改分爲6個大區域，亞洲區2席，印度區1席，歐洲區1席，美洲區1席，非洲區1席，澳洲區1席。

所有凡是關乎全人類生活問題的重要議題，皆由世界政府會議裏的7位成員代表，經過表決後進行推動。

世界政府成立後，地球上不再有「關稅」這個名詞，課稅的種類只剩下「貨物稅」與「營業稅」這兩項，也就是在世界各地的貨物往來，不會再有關稅的課稅障礙，各地的商品都能自由往來移動。人口的移動亦是如此，各地民衆皆能自由往來其他地區，無需護照與憑證，就能自由通行各地區。所以，世界政府成立後，民衆均改持地球公民身份證，身份證上不會註記國別，只會記載出生城市，例如美國紐約出生的，不會註記美國紐約，而只記載紐約市出生，地球從此以後所有地區連成一體，再也沒有國家的區別。

經濟小語

當國家的區別消失，貨物往來不再有關稅障礙，所有人的競爭條件達到一致，世界經濟將展現新樣貌。

第三節　人類自救計劃

爲了挽救即將滅絕的地球生物，新世界政府組織拯救生物隊，開始到世界各處大量採集各種生物樣本。以便當地球氣候開始回復穩定時，再以基因培養技術恢復原來的生態樣貌。這項救援工作雖早在2113年的年初時，已有一些國家開始投入工作。然而由於裝備有限，以及投入工作的人力嚴重不足，導致當時採集樣本數量十分有限。直到新世界政府組織大批生物救援隊，幾萬名專業技術人員開始大量投入工作，這才讓生物採集與保存工作得以快速展開。

高科技加速重建

雖然這個隊伍成員數量龐大，可以各自分頭進行各種採集工作，不過他們在工作時，亦面臨到許多難題。由於多數沿海地區，早已被大量海水給覆蓋，加上海水持續沖刷已被淹沒的陸地，許多沉在海底的陸上生物早已不知去向，縱然使用海洋探測船與潛艇去採集打撈，整個作業進行的速度，也僅有陸上作業速度的十分之一。陸上生物採集作業的阻力，雖然沒有海洋採集來得大，但在高溫炙熱的地表上工作，採集生物樣本的工作人員，不得不以全副武裝的方式進行作業。一些一般人視爲稀鬆平常的喝水、吃飯與上廁所等活動，因爲全身都穿上裝備的關係，成了麻煩而頭痛的問題。

所幸新世界政府陸續打造配有先進設備的海陸兩棲生物採集作業車，先進的空調設備，使採集車能夠經常保持於攝氏27度，在這台車上，所有飲食、廁浴與睡眠等設備供應一應俱全。工作人員不再需要穿上厚重的裝備，直接以車上的機械手臂進行採集作業。由於工作車機動性強，工作人員不用消耗太多體力，就能移動到想去的範圍，大大增加了生物樣本採集的效率。經過生物採集隊三個月的全力採集，總計獲取了20餘萬種的各類生物樣本。這雖占全部生物種類不到五分之一，但這五分之一的生物，卻極可能成爲將來維持地球生物體系正常運作的關鍵。

最嚴重的核災浩劫

另外，人類面臨到史上最嚴重的核災問題。由於海水淹沒各地沿海的核電廠，大量輻射物質流入海中。世界政府亦組成核災應變團隊，來特別處理核能輻射物質的問題。因爲核能輻射物質藉由潮汐作用，快速地擴散到全球各海洋，造成大量海中生物死亡，以及發生各種病變。若不儘快解決海洋污染問題，海洋生物到最後將全部消失不見。爲了挽救海洋生物，世界政府大量製造各種大型機具與設備，去打撈被淹沒在海底的核能機組。另一方面，科學家研究開發出一種能吸收核能物質的化合物——鈾變輻射的硼酸鈺，科學家們先以高分子過濾薄膜，來濾除核污染嚴重的輻射物質，再利用硼酸鈺的化學作用，去中和這些被收集來的輻射性物質，以解決輻射大量擴散到全球海洋的問題。

科學家在太平洋與大西洋沿岸大量設置海水過濾站，每天不停的抽取海水過濾，經過3個月不停的工作，過濾海水累計超過1億公噸，用掉100萬片長度1,000公尺、寬度30公尺的薄膜濾心。大量過濾的結果，讓污染海水的輻射量出現明顯的下降。不過據科學家的推估，若想要移除大多數的輻射物質，不但核能污染機組要迅速從海底移除，海水過濾站的配置數量也需要大量增加，這些龐大數量的過濾站，就算24小時不停的全力運轉，其時間也必須要超過100年以上。

經濟小語

地球重建使我們深刻體會，維持生命延續，才有發展經濟的必要。

第四節　生存的機會

爲了降低地球大幅升高的溫度，科學家們打算以阻擋的方式來減弱太陽直射的溫度。經過20年的努力，新世界政府已成功阻擋太陽高溫的威脅。科學家研發出高延展性耐高溫的特殊材質，經過計算，這種高溫材質可以讓陽光到達地面的熱度僅剩原來的五分之一。科學家打算以覆蓋地球的方式，將地球用這種高科技材質包覆起來，這種方式就有如地球臭氧層的作用，不但可用來抵擋有害輻射，更重要的作用是降低地球溫度。

降低地球溫度

科學家打造大量的人造衛星，以布置足以覆蓋地球的隔熱材質。由於這種材料相當耐熱，所以完全無需擔心受到太陽高溫的影響而融化。而且，這種材料的光線穿透性高，太陽光仍然有足夠的光線到達地面，只不過陽光中的熱能被大幅降低。經過數年不停的發射衛星，科學家已成功將這種具有阻熱效果的高透光性材質，成功包覆住大多數太陽直射的區域，僅剩下一些高緯度地區包覆範圍較鬆散。這些高緯度地區因陽光射角較大，對地面產生熱量的影響較小，所以科學家僅在較適合人類居住的區域上布置。經過精密的計算，鋪設隔熱材料後的地球溫度，恰是人類適宜活動的溫度範圍，大約在攝度零下10度到35度之間，這些材料還能在氣候條件不足的情況下，藉由密度的不同，調整射入地球的熱量與光線量。

當所有隔熱材料鋪設完成後，地面溫度開始從高溫下降，從原來的攝氏60度一直降到30度左右，南北極的海水又重新開始結冰。不過，當時南北極融化掉的冰雪量，依然讓整個海平面比過去高了50公尺以上，大部份陸地仍在海平面之下，像上海、曼哈頓這些臨海城市，大多仍位於水面之下。許多地勢較低窪的國家，早就因爲海水覆蓋的影響而完全不存在。另外像日本、英國等海島國家，大多區域仍是只見海水不見城市，一眼望去只有像是島嶼的山頭裸露在水平面之上。新世界政府開始組織民衆，將各地居民移居至一些地勢較高且平坦的區域，並在這些區域上重新建立起各種大型城市。

當地面開始回復到正常溫度後，世界政府重新規劃都市與自然生態區域，並在自然生態區域裏開始著手生物的復育工作。原本在地底下生活的人們，已漸漸聚集到這些新規劃出來的開發區，共同合作進行都市的發展與建設。經過多年努力後，在中國西部高地、美國中西部、南美洲中西部、非洲東部與澳洲等地勢較高的區域，都重新建立不少可供人類居住的大型都市。

經濟小語

地球上的都市重建，永遠是經濟快速成長的動力來源。

第五章

美麗新世界

新思維的運作，創造全新的人類社會

與宇宙年齡，甚至於地球年齡對比，人類存在的時間不過只是一剎那。不過人類卻在極短的時間內，徹底改變了地球原有運作的模式。人們普遍都認為自己是獨一無二的生物體，可以面對與克服一切的困難。但在大自然環境的變動下，人類卻顯得毫無招架之力，差點就被太陽給消滅掉。

人類自有歷史以來，社會運作的模式雖經過不斷的調整與改良，但最後仍舊是走向自我競爭、自我淘汰的循環。難道人類眞的無法改變這種毫無意義、自我消耗的運作模式？還是人類其實有其他更好的選擇，可以用另一種完美的方式來發展？人類在面臨被太陽消滅的危機後，開始重新思考另一種全新的社會運作模式。

爲了讓人類不再進行無謂的消耗，新世界政府將過去的制度做了許多根本上的調整。

新制度將從人們生活的基本需求開始規劃，舉凡一切人類的基本生活需要，都可以受到完整的保障。一個具有基本生活保障的社會，才能算得上是完整福利社會，人類才會有足夠的時間與空間去發展。美國總統羅斯福曾於1941年時，在美國國會發表演說，其內容便提出人類有免於匱乏的自由。所謂的匱乏並不僅止於食物上的匱乏，而是包括各種日常生活所需用品及環境，像是衣物、居住、教育、娛樂、醫療等。換句話說，只要能滿足人們的基本生活需要，就能達成羅斯福所說免於匱乏的自由。

第一節　免於匱乏的自由

建立互助互利的社會

人人皆生而平等，人們不應因家庭背景、膚色、種族等種種差異，而受到不公平的對待。

資本主義以競爭的環境，來達到人類進步的目的，但不停競爭的結果，卻也帶來各種不同的傷害。人類過去在資本主義的帶領下，確實有達到快速成長與進步的目的，但另一方面，放任自由競爭、自由收集財富的結果，卻是讓經濟進入惡性循環，形成一種少數人建立的奴役社會。這就像過去帝制時期的統治一樣，放任少數人大量掌控土地與資源，而讓整個社會運作出現問題，最後導致國家滅亡。資本主義到了後期，也同樣上層階級林立，財富大量流入少數人手中，市場無人消費，缺乏資金運轉，貧富差距懸殊，造成社會嚴重的對立。

經濟發展每隔一段時間，財富就會出現集中的現象，隨著經濟越發展，財富集中程度卻越來越高。到後來少數人掌握社會大多數財富，財富不再流入市場循環，一般民衆除了拼命賺錢尋求溫飽外，根本無力增加消費，更不用說想從事一些自己想做的事，像是旅遊、自我進修等等。「創造力」是屬於人類獨有的最重要資產，就是因爲擁有創造力，人類才會出現文明社會，人類科技也才能夠不斷地發展。然而，人類的創造力卻因爲生活條件不佳，造成多數人只能花大量時間去賺錢來養活自己。每個人原本都擁有「創造力」，能爲社會與科技帶來大量的創新與發展，卻隨著生活條件的不足而大量消失。

爲了求生活，每個人都必須不停的工作，除了工作賺錢外，大多數人沒有其他時間去做更有意義的事。人類發展到最後，其生命的目的，似乎只是爲了賺錢養活自己。這麼一來，跟一般動物只爲了找食物而生活，我們與牠們之間又有什麼區別？難道人類就只能這麼悲情，只是爲了養活自己而生活？還是人類可以發展出另一套社會模式，來創造更好的生活環境？

這世界所生產的商品產量，早已能夠提供全人類使用，但卻仍有許多人處於餓死邊緣。有人工作一天，可以賺到一般人要賺一輩子才能擁有的財富，大多數的人卻需要拼命的工作，才能換來基本的溫飽，這種不對等的現象是如何形成的？說穿了，是這些極少數人大量集中財富所帶來的結果。1%的少數人讓市場流通貨幣大量減少，造成了經濟的衰退，這樣的結果卻要由99%的人來承擔。讓99%的人因爲必須整天不停的工作，無法發揮他們最有價值的創造力和理想，這樣的社會體制難道不應該有所改變？

生存的意義只是爲了不停地工作，那麼人類與動物又有什麼分別？

在資本主義下的經濟發展後期，經濟成長都不約而同的出現放緩，甚至倒退的情形。經濟發展放緩的主要原因，在於大多數人的精神都被迫消耗在維持基本生活，爲了能夠養活自己，人們必須日復一日不停地工作，賺取僅能維持溫飽的微薄薪水。地球即便擁有幾十億人口，卻僅有極少數人能夠自由從事具有「創造力」的工作。絕大多數人生活的目的，都是爲了公司的利益而存活，沒有辦法以更有效率的方式來幫助社會進步。

改變囤積財富習慣

一般人花費許多的時間工作，也很難得到維持基本生活的薪水，更別提這點微薄薪水將來想要養兒防老。國家的出生率，也因爲擔心將來無法負擔小孩的生活費用，而不得不壓抑生小孩的願望。因爲平均薪資低落，生活開銷增加的關係，出生率不斷地往下滑，人口增長開始出現停滯，年輕人的數量越來越少，使人口結構出現老化。財富過度集中後，市場非但缺乏資金流通，工作機會更是大量減少。社會上出現大量失業人口，這些人不但生活面臨困境，也形成許多人虛耗光陰、無用武之地。這樣的社會環境，非但談不上進步，更別提要如何爲人類提供美好的未來。

如想要改變拼命囤積財富的習慣，只有先滿足人類生活的基本需要，人們才有追求更好生活的動力。美國羅斯福總統免於匱乏的宣言，是一種令人嚮往的理想社會。如今，世界政府決定推動一種全新的制度，讓所有人可以不用像過去那樣，需要拼命工作才能得到將來生活的保障。讓大衆可以用一種認眞負責的態度，來面對自己將來的生活。不用再像過去那樣，總是需要拼個你死我活，才能換來繼續生存的空間。

從出生一直到死亡，人們所有生活上基本的食、衣、住、行、育、樂等方面的供應，都將藉由新制度來改善。

經濟小語

社會制度新革命，以全新的概念徹底改變社會基本運作模式，人們未來將擁有充份的時間與金錢，去實踐個人的理想與願望。

第二節　立足點的平等

藉由公平的起跑點實現社會平等

由於制度的問題，財富集中現象並不會隨著時間而獲得調整，情況反而隨著時間過去變得越來越糟。出生於富裕家庭的小孩，可以藉由家庭的供應而獲得各種競爭優勢，不但可以擁有最好的學習環境，也不需要擔心生活上的問題，可以專心的認眞學習。所以這些富裕家庭出生的小孩，經常可以進入名校就讀，畢業以後再以高學歷進入大財團與大企業，從此人生一帆風順。

相反的，一些出生於中低收入家庭的小孩，不但很難獲得教育機會，甚至這些小孩還需要爲了溫飽，犧牲上學時間去打雜換取微薄收入。這些小孩長大後沒有什麼學歷，社會上條件較好的工作與他們無緣。最後，他們只能從事一些大多數人不願意做的勞力工作。他們並非不想加強自身的知識水準，而是不安定的家庭因素，讓他們只能依靠自己在社會底層掙扎。

世界政府爲了消除各種基本條件的差異，政府提供人們從出生後，一直到成年時的基本生活所需。所以從出生開始，嬰兒就會由專人來免費照護，讓父母不需要爲了養育小孩而操煩。小孩長大後上學的基本所需，也都完全免費供應。在這裏所有的小孩，將不再因爲家庭環境不好而無法上學，或是受到不同程度的虐待。除非小孩自己不願意唸書，否則政府所提供的基本生活供應，都能讓每個小孩一直唸到博士畢業。

保障人民基本生活

所謂基本生活供應，是提供生活所需的飲食與用品，在成年前包括三餐、衣服、居住空間、書本及零用金等，都由政府統一發給。成年工作後，一些失業的民衆，可以獲得政府基本生活開銷的補助，這部份的金額是經過計算，足以應付日常開銷的生活補助金。

有些人可能會覺得既然失業還能獲得生活補助，那麼就不要工作，徹底當個失業者不是很好？然而實情並不是大家所想的那樣，失業補助同樣是有條件限制的，在新世界中，長時間不去找工作算得上是一種犯罪行爲，因爲大家都在爲這個社會貢獻自己的一份心力，卻有人好吃懶做只想領生活補助金，這種行爲當然不會被大衆所接受。

因此，新世界政府在工作制度上一樣有一些規定，如果一個人超過半年的時間沒有工作，這個人會被強制送到集中管理的農莊裏生活，這些人的生活範圍就只有農莊的周遭大約1公里的距離，除了簡單的白米，及一點青菜供應，其他的都要靠自己的收成來做爲三餐。當然，農莊裏每個人可以有2小時的時間上網找工作，只要找到工作，隨時都能夠從農莊裏出去。有許多好吃懶做之徒，在過了一兩個月的農莊生活後，也會開始想盡辦法找工作，以脫離這種單調乏味的農莊生活。

在新世界裏，世界政府提供每個小孩最基本的生活保障，所有的食、衣、住、行、育、樂與醫療等都有免費提供的項目。所以家長不用擔心小孩的成長環境不好，而影響到小孩未來的前途，而小朋友也不會再因爲衣服破舊而被同學嘲笑。

經濟小語

讓大家擁有相同的起跑點，就能讓世界走向富足平等的未來。

第三節　學用接軌的教育制度

完善實用的教育制度

在新世界裏，政府提供了完全免費的托兒機構，小孩從出生開始就能享有完全免費的托育服務。這些在托育機構的保母們，都受有十分專業的訓練，而且考試合格後才能開始服務。因爲有免費托育機構的關係，所以可以讓絕大多數的父母，不再擔心上班時小孩無法照顧，而托育中心全天候24小時的監控錄影，以及受過專業訓練的人員，都能讓父母十分放心地托育小孩。

托兒中心是專門照顧學齡前0歲至7歲的孩童，父母可以申請送入住家附近的托兒中心。父母在上班前，都會有專車來接小孩，下班後再由專車送小孩回家。小孩子所需要的一切生活基本用品，如尿布、嬰兒服、奶粉等，完全由托育中心免費提供。當然父母也可以自行購買更好的衣服與奶粉，放在托育中心給小孩使用。

到了7歲以後，小朋友就會進入學校上課，新世界裏的國民教育分爲10個年級，基本學習科目包括語文、數學、自然科學、公民教育、地理、歷史、經濟、體育、美術、音樂、電腦等課程。

每項科目在學期結束前，都會有學科的基本能力測驗，如果無法通過基本能力測驗，學生就拿不到該科的學分，下一次只能再重新學習相同的科目。比方說，語文分爲十級，如果語文一的分數未達合格標準，那麼下一次就只能繼續修語文一，而不能去上語文二的課程。這些重修的學生，學校另外提供免費加強補習的機會，學校將指派專人於下課後，加強這些重修學生的學習。

職前教育與職場無縫接軌

在新世界裏，每項學科都一樣的重要，學校教學並不會特別偏重於某些項目。學校依照課程的難易程度來安排上課時數，每個學生都可在16歲前，將所有應修課程修業結束。學生在17歲畢業前的一年，學校會讓學生有充份機會去補修未能得到學分的科目。當然許多已準備進入職場的學生，他們會開始進修一些職場上用得到的學科，以幫助自己能儘快在社會上找到工作。在新世界裏，學科的成績並不會影響到學生將來的人生發展，企業所關心的是學生本身具有的才能與創新能力，是否眞正符合工作的需要。

在新世界中，進入職場工作的條件，是修滿所有必修科目。若學生在16歲時就修滿所有科目，那麼他可以選擇不繼續唸書，而先到社會上工作。若年齡已滿17歲，卻未能通過所有的必修科目，那麼他必須繼續上課，直到完全得到必修科目的學分。但這項規定也僅只限於20歲，在20歲之後，無論這些學生是否所有學科都已拿到學分，他都可以選擇直接進入社會找工作。不過，這些人將來找工作時會遇到一些問題，因爲很多企業都會要求必須拿到所有科目的學分，如果得不到部份科目的學分，就無法進入這些要求嚴格，但待遇條件相對較好的企業工作。

新世界裏沒有小學、中學、職業學校、大學等學校等級的區分，除了必修學分外，每個人若想學習自己有興趣的學科，都可以自由申請，只要通過該學科的標準就能取得學分。有些工作會要求求職者必須獲得一些相關科目的學分，才有進入該公司的機會。所以大部份學生會依照自己的興趣，先在學校取得一些工作需要的科目學分，以便將來求職時能夠用得上。

在每個學生14歲時，學校裏會開始做一些基本的性向測驗，以便讓學生能夠了解自己的興趣與未來的生涯規劃。學校裏有專門的老師，來幫助學生了解自己將來的社會發展，以及畢業前應該增加學習的科目有哪些。學生也能從老師這邊得知，一些工作項目的優缺點，以及自己究竟合不合適從事這些工作。學生在畢業時所領到的畢業證書，上面不會載明某學校或是某科系，而是一種個人畢業學分的證書。所有的學生與面試的公司，都可以清楚從證書上看到，該學生在學校獲得的學分項目。

每個人在25歲之前，只要在學校就讀，世界政府就會提供學生基本需要的生活物質，學生完全不用擔心學費與生活費等問題。在17歲到25歲這段就學期間，學生可以自由地選擇到社會上工作，或是留在學校繼續唸書。爲了鼓勵學生繼續讀書，法律特別規定除了必修學分外，每額外獲得20個學分，就能夠擁有1年的工作年資，這個年資可當成將來退休申請的計算基礎。但工作年資的換算，在每個人一生當中，最高只能以學分換得5年的工作年資，修習超過的部份就不列入計算。如果沒有年資換算的限制，將來恐怕大家都寧可在學校唸書，也不願意出社會去工作。

如果有人出社會後，仍然想回到學校繼續唸書，政府也同樣會提供基本的生活補助，不過這種補助的最高年限只有8年。也就是說，如果在17歲那年繼續留在學校唸書，或選擇出社會工作，都可以獲得一樣的補助機會。這樣學生就不會因爲擔心將來沒法得到政府補助，而不願先進入社會工作，先進入社會工作的人一樣可獲得政府全額的基本生活補助。如果你唸到18歲才進入社會工作，這樣你將來能獲得的補助就減少爲7年，以此類推。

所以在新世界裏，只要有人想要繼續唸書，政府都會提供一定的基本生活保障，讓個人能沒有憂慮的專心唸書。因爲世界政府認爲促進人類社會進步的最大動力，就在於個人是否能擁有足夠的知識水準，而教育是提升個人知識水準的重要關鍵。所以，爲了讓人類社會得到更好的發展，政府有必要提供足夠的生活資源，來讓個人專心學習，不用擔心生活費沒有著落的問題。

經濟小語

唸書不是爲了考試，而是爲了提升自我的能力，完善的社會制度，讓人們可安心學習，有助打造繁榮新世界。

第四節 公務員制度變革

在新世界裏，政府制度最大的變革，就是公務人員的遴選制度有了最大幅度的調整。過去古代中國，自西元605年的隋代實施科舉制度以來，考試成爲公務員遴選的主要途徑，這種制度出來的公務員，在能力上不見得十分優秀，但卻非常會唸書，這種現象從古至今一直沒有改變。然而，我們要捫心自問，這些會唸書的公務人員，眞的會成爲用心爲民服務的公務員嗎？還是以考試規則創造出一堆只想捧鐵飯碗的米蟲？

放棄考試抽籤搶位子

由考試決定成爲公務員的遴選制度，看似公平合理，但在背後卻有著基礎上不合理之處。對需要維持家計的人來說，這些人無法全心全意認眞唸書來應付考試。與一些在物質條件較富裕的人相比，這些人可用於唸書的時間相對少很多。因此，一些不用負擔家計的人，相對比較容易考上公職。從另一種角度來看，如果公職人員都只是會唸書的人，才有機會進入公家機關，而唸書成績差一點不能成爲公務人員。這種公家取才的規則，難道不是一種政府設立進入屏障，以排除先天與後天條件不佳的人？會唸書的人處理事情的能力，也不一定比那些不會唸書的還好。先天與後天條件不足的人，是否就必須被政府拒於門外？

具備行政能力就能參加

世界政府爲了改善公務人員錄取制度中種種不公平的現象，而採用另一種錄取模式，來決定誰能夠成爲公務員。新制度是將錄取公務員的規則，改用抽籤的方式來決定錄取的人。只要擁有處理政府部門日常事務基本能力的人，就有資格參加公務部門錄取抽籤，而沒抽到的人也用不著灰心，依然可以繼續參加下一回的抽籤。這樣公家機關裏就不會總是出現那種錄取前拼命唸書，錄取後卻總是擺爛等著混飯吃的人。許多人表面上很會唸書，感覺頭腦很好能爲民服務，但實際上公家機關裏，一樣有許多無法有效處理行政事務的公務員。

爲了讓大多數想進入公家機關工作的人，不用再浪費大量青春去背誦那些八股內容，民衆只需要通過基本公文處理考核，以及相關事務處理基本能力測驗等考試，就可以獲得參加公務員抽籤的機會。

這麼一來，公家機關的任用既不會出現私相授受的情況，也打破千年來以大量八股內容來考試的規則。在新世界裏，大幅放寬公務人員的進入門檻，只需要通過基礎能力測驗，擁有基本行政處理能力，就能參加公務員資格的抽籤。所以，在新世界，只要具有一定的學科基礎，就有機會成爲公務員。不用再像過去那樣，要跟大家努力比拼，比看誰會唸書背書。

經濟小語

以抽籤決定公務員的資格，打破數百年來，經由考試才能成爲公務員的慣例，不再比背書，更實務更經濟。

第五節　人人有屋住

居住是生活最基本需要

自有人類以來，土地問題始終沒有消失過，每經過一段時間，就會出現土地集中的問題。然後大多數人因爲生活受到嚴重的剝削，最後導致無法生存時，就會讓社會陷入動亂與紛爭，最後發生戰爭與革命，來建立新的王朝。因爲地球上的土地數量是有限的，不會隨著時間經過而不停的增加。所以擁有土地的人，總會在土地上動腦筋，想辦法利用土地，來控制依靠土地生活的人們。所以，過去地主與佃農經常有著十分大的矛盾，古今中外就曾多次發生農民起義，所革命的對象，就是這些擁有大量財富與土地的地主與權貴們。如今雖已邁入自由程度最高的資本主義世代，也到處出現人們對地主與權貴不滿的聲音。

現代資本主義社會曾多次發生金融風暴，造成許多人的生活受到嚴重的影響，但風暴過後卻始終未能擺脫房地產炒作的陰影。造成現代經濟循環產生問題的最大關鍵，就是財富過度於集中。然而，在財富集中過程中最具關鍵的角色，則是房地產炒作現象。房地產公司與地主們可以藉由一次又一次的炒作，讓房地產價格不斷上漲，最後再藉由銀行體系的運作，將這些房屋銷售給人們。這些人在簽下契約之後，就等於簽下長期的工作契約，表面上看起來像是幫別人工作，然後用部份所得償還貸款。

實際上整個連結起來，就是一個人要用一輩子的時間去工作，才能償還這些貸款。這些富人賣了房子，賺走了多數人大半輩子的財富，購屋人償還不出貸款的風險，卻是由銀行甚至全民來承擔。以貸款購屋的人們，雖然看起來像是擁有自己的房子，但這些買房子的人難道就能保證，永遠不會有失業的一天嗎？如果失業了，還不出貸款時，那這個人將來的日子要怎麼過下去？

貸款人購屋等同簽下長期的奴役契約，這個說法要回歸到銀行的基本運作。購屋者買房子，似乎是欠了銀行的錢，賣屋的人在拿走錢之後，兩者之間似乎沒有任何關聯。但若以整體來看，這背後仍存在一定的關聯性，而且是密不可分的關聯性。以另一種方式來說明，爲何政府發行1萬元的貨幣，銀行裏的存款會變成10萬元？

我們知道貨幣不會自己繁殖增加，也不會從天花板上憑空掉下來，所以在存款增加的同時，有另一項被大多數人給遺忘掉的產物——貸款。這個貸款數字也不會憑空增加，許多就是買屋者的貸款。也就是說在銀行體系內只要額外增加9萬元存款的同時，就會相對應地產生9萬元的貸款，沒有這額外增加的貸款，就不會有額外增加的存款（從會計學的基本原理可以得知，借貸兩邊一定要平衡，額外9萬元存款的來源，就是來自於9萬元的貸款，這樣借貸雙方才會平衡一致）。

所以在現實中，政府只發行了1萬元的貨幣，銀行裏卻會出現10萬元的存款，從表面上來看，我們的財富似乎額外增加了9萬元，但若我們認眞深入去看，實際上這9萬元，就是許多買房子的人所立的借據。這些多出來的存款就算再怎麼移動，仍不會讓1萬元的貨幣多變1元出來，而是社會將以這1萬元的貨幣，在償還貸款與提領存款之間流通。1萬元的貨幣不論流動到哪裏，都仍是只有1萬元。很顯而易見的，我們過去誤認爲貨幣具有乘數效果，所以銀行裏會多出許多存款可用。但實際上是少數人透過銀行的機制，來創造出許多被奴役者，這些多出來的存款是一個又一個的賣身契約。

在許多已開發國家中，社會上更到處充斥著這種奴役現象。以台灣爲例，政府只發行了1兆多的新台幣，但台灣全部銀行裏的存款加起來竟有24兆多，這些存款是從哪裏變出來的？別懷疑，1兆多台幣才是眞正的錢，是眞正可流通的貨幣，扣掉發行貨幣外的其他23兆，全部都是由貸款轉換而來的，而這些貸款就是一個又一個的借據。

住房新制成年就發放

在新世界中，政府爲了解決過去持續產生的財富集中問題，特意設計了住房制度，只要成年人都可以擁有一間獨立生活的居住空間，所有的房子都由世界政府免費提供。每個人可以藉由抽籤的方式，來決定居住的地點，住所大多會安排在工作地點附近。所有的居住環境都經過事先設計與規劃，一個城市裏擁有多少工作機會，就會提供相同數量的住宅給就業者。所以，工作機會與住宅數量是相互搭配的，有1萬個工作機會，就一定會有1萬間以上的住宅。

所以民眾在新世界裏生活，不會有龐大的購房壓力，也不會被房貸壓得喘不過氣，民眾不需要再負擔沉重的居住費用。對大眾來說，少了高昂的居住費用，生活壓力將大幅降低，社會上也不會再出現因爲付不出租金，而必須返回家鄉找工作的人。對於閒錢很多的富人，部份建設公司也會建造一些生活環境很好的頂級豪華住宅。在一些區域中，政府亦提供私人建造與買賣房屋，只要願意付錢，就能夠自己選擇居住的環境與地點。

所有供一般民眾居住的住宅，都以能大眾普遍接受的方式設計，以溫馨、美觀、實用爲設計基礎，雖然每間住宅的外觀與屋內結構會有所不同，但大致上都能符合居住舒適的條件。城市裏的住宅設計，則以發揮最大的空間效益，來做爲設計的基本原則。

政府所提供的住宅大小，都以三房二廳做為基本單位。讓每個人擁有這麼大的空間，是因為要讓當地工作者，在將來擁有小孩與家庭後，也能夠繼續居住使用。所以，就算是尚未結婚的人，也同樣能擁有三房二廳空間的房子。結婚後這些人就不會因爲空間太小，而必須搬到更大間的住宅裏。如果夫婦兩人的工作地點不同，他們可選擇依丈夫或太太工作的地點來申請住宅，或是以夫妻二人工作地點的直線距離範圍內來申請。

經濟小語

保障一定的居住空間，大多數人就可以節省居住費用，不用再忍受他人的剝削。

第六節　看病不花錢

每個人都有生存的權利，醫療保障讓民衆的生命不再受到生病的威脅。在新世界裏，民衆永遠不用擔心醫療費用的問題，因爲人類的生活基本需求會受到完整的保障。

只要生病就能隨時隨地就近看病，在醫院只需手指按一下，醫院就能自動辨識個人身份，不用出示證件或刷卡。便捷多功能的電腦資訊系統，讓醫生能夠隨時取得病人的完整就醫紀錄。

醫療分級節省資源

爲了避免大型醫院總是人滿爲患，而影響到病人的醫療品質。新世界中的醫療分級制度十分的嚴格，如果是一般單純的感冒，或是牙痛等輕微病症，只能夠在中小型醫院就醫，就算有些人仍是想到大醫院裏去看病，而特地跑到大型醫院，這些輕微症狀的病人，也無法在大醫院就醫。除非當地的中小型醫院認爲有轉診的必要，才會由醫生開出轉診證明，讓病人轉到大型醫院去看病。

所有的人到公家診所看病，是完全不收任何費用的。少數整天沒病看診的人，在沒病就醫次數過多的情形下，會被醫生提出警告，再繼續無病就醫就會被收取龐大的醫療費用。小如一般的感冒，大到心臟病開刀等醫療行爲，掛號、取藥與住院等，都是不收取任何費用。當然，新世界裏也有頂級服務的私人醫療診所，可以爲少數人提供更好的醫療環境與品質。除非眞的有錢沒處可花，否則很少人會專門跑去這些費用高昂的私人醫療診所看病。當然，公家醫院也有提供許多自費項目，包括美容、整型等，這些醫療行爲都需要自行付費，不包括在政府的醫療補助裏。

在新世界裏，絕對不會出現病床不夠的情況，嚴格的醫療分級制度，讓大醫院永遠有一定的空床，等待急著需要住院的病患。每個地區該擁有多少病床數，是以當地人口做爲計算基礎，縱使發生緊急重大意外事件，出現病床數不足的情況，傷患也能夠馬上轉送到鄰近有空病床的醫院。

病房的設計是爲了讓每個病人在接受治療時，也能保有輕鬆愉快的心情。每個病房大約有30平方公尺，是包含衛浴設備的雙人病房。病房的設計原則上以溫馨舒適爲主，牆面與設備大多使用暖色系的色調，讓病人感覺像在家裏一樣的舒適。雙人病房的設計是爲了讓病人多保有一些隱私，這樣可以讓病人安心養病。

經濟小語

實施全民新醫療制度，不再發生因沒錢看病，而導致生病死亡的憾事，也讓醫療資源用在對的地方。

第七節　調節就業機會

政府依現狀調節工作職缺

過去在資本主義社會中，經濟發展總會起伏不定，工作機會亦常隨著經濟的起伏而大幅變動。爲了降低經濟衰退對社會造成的衝擊，世界政府在經濟發生衰退，工作機會大量減少時，公家機關就會釋出一定數量的公家職缺，開放給民衆申請。當社會上工作機會被公家機關的職缺給塡補後，社會減薪壓力就會下降，民衆收入不會受到不景氣的影響，這樣他們就不會減少消費，經濟就能很快的回穩。只要多數人都能夠很容易的找到工作，就不用擔心經濟會出現持續衰退。

公家機關的職缺主要分爲兩種類別，第一種是通過基本能力測驗後，以抽籤方式取得公務人員的服務資格。這類職缺的待遇通常略高於民間工作，待遇稍高的原因是公家機關調薪較爲固定，無法像私人企業有機會獲得大筆獎金，爲了維持公務人員的穩定性，政府不得不以略高的薪資來吸引和留住公務員。所以公務人員退休以後所能得到的福利金，也會略高於一般私人企業。私人企業則提供民眾獲得大筆獎金的機會，只要公司夠賺錢，就有機會發放大量獎金來激勵員工。公家機關與私人企業的員工薪制各有利弊，端看個人的喜好。

另一種則是政府為了應付短期出現的失業人潮，而特地釋出的公家職缺，這些職缺因為屬於臨時工作性質，工作待遇通常會略低於一般企業的待遇，而這類的年資計算，亦無法當成公職人員年資的計算基礎。這類工作內容通常為公家機關內一般行政或簡易性質的工作。所以，當民間職缺又開始變多時，在政府機關做臨時工作的人，通常會再轉換跑道，到民間企業裏工作。

政府依照失業率的情況，來增加公家機關職缺數量的優點是，讓民眾可以永遠處於一種穩定的就業環境下，這樣社會上就不會出現太多只能等待就業而虛耗光陰的民眾。這些進入公家機關工作的人，依然可以累積自己的工作年資（退休年資，非公務員年資），一方面可減緩失業人口激增帶來的降薪壓力，另一方面亦可以讓民眾安心就業，維持市場的消費力。

經濟小語

沒有失業問題，就不會有經濟衰退的問題。

第八節　安心大樂退

在新世界裏，每個人都能保持良好的心情，人們臉上的表情總是一副無憂無慮的樣子，到處都是欣欣向榮、和諧與喜悅的環境，讓人們臉上充滿了歡樂的笑容，難道新世界裏的人們，都沒有需要煩惱的事？如果你能夠生活在新世界裏，你就會知道爲什麼這裏的人總是一臉無憂無慮的樣子。因爲你不需要爲了找不到工作而傷透腦筋，也不用擔心永遠付不完的房貸，更不用煩惱小孩的未來該怎麼辦。如果你不用擔心將來可能沒人撫養的退休生活，那麼你就會跟他們一樣的快樂自在。

經濟循環體系互助互利

爲了徹底改善經常起伏不定的經濟現象，新世界政府規劃了一套完整的經濟循環體系，讓民衆不但擁有足夠的工作意願，將來更能獲得美好的退休生活。因爲互助互利的思想與作用，人類才可以擁有比其他生物更好的生活條件。相反的，如果一個社會，總是到處都是好吃懶做的人，就算擁有再好再多的物質條件，也早晚坐吃山空步入衰敗。

一樣米可以養百種人，不可否認地這個社會總是存在好吃懶做之徒。爲了避免社會將來被這些人給拖垮，新世界政府做了以下的特別規定，也就是將來如想要獲得基本的退休生活保障，每個人都必須正常工作期滿25年（以每日8小時計算），不論正職或兼職的工作，每日工作時數都會計入將來的年資內，除一些性質較特殊的工作如外科醫師、救難人員等，可以最長計入到12小時外。每人每日最多只能計入8小時的工作時數，以防有人故意拖長工作時間，來換取工作年資。每個人只要達到25年的工作年資，就能獲得政府基本的退休生活保障。

退休生活保障的內容包括，可自由選擇任一地區居住（若空屋數量不足，則以抽籤決定居住的人選），選擇到該地區後，可透過抽籤的方式決定居住在當地哪一間房子裏。另外還有食物、衣服、日用品、交通與旅遊等津貼，醫療權利則是每個人從出生開始就享有的，但醫療僅限於治療危害身體的疾病。

不用擔心生活就敢消費

所以，當一個人不用再去擔心生、老、病、死等各種問題，以及小孩未來生活的話，那麼人們自然會有多餘的錢，不再因爲擔心種種的生活問題而儲蓄，這樣民眾就會願意大方的消費。除非有的人想要存錢購買某一些較高價商品，如車子、華麗的衣服等，或投資開創事業外，人們就算當個月光族，每個月的薪水都花光光，也不會被人指責或恥笑，因爲月光族在新世界裏算是一種非常普遍的現象。

從出生開始，一直到年老生命結束後，在各種層面上，都能獲得政府所提供的一些基本生活保障。這對大多數人來說，想要拼命收集財富的欲望就會大量降低。擁有財富雖可以讓自己的生活過得更愉快些，然而少賺一些錢，對民眾來說，在生活上也不會出現太大的分別。

當然，政府所提供的一切，都只是滿足個人基本的生活水準而已。若是想要將來擁有更多選擇性，如購買更好更漂亮的房子，到更多地方去旅遊等，這些都是需要自己在工作上努力表現才能夠獲得的。別以爲能夠得到基本保障，就不會有人願意認眞工作，努力工作所獲得的收穫，其生活品質仍然還是會比只想依賴政府補助的人來得好很多。

經濟小語

要讓經濟永遠繁榮，就要讓民眾樂於消費。

第九節　不生利息的銀行

銀行帶來資金便利卻也引發災難

爲了讓資金能夠獲得有效運用，過去的世界曾設立了無數龐大的銀行體系，但不健全的銀行制度，卻也帶來無數次的金融風暴。從歷次金融崩潰事件來看，大多數是由於銀行機構的過度放款而引起。每一次金融崩潰後，政府都會出面來善後，並且加強金融的監管規定，卻仍無法阻止一次又一次的金融風暴發生。不論如何強化銀行的監管制度，或是管制銀行的放款行爲，只要無法解決金融體系上所出現的本質問題，金融崩潰事件就會一次又一次的發生。

所有的金融銀行專家都清楚，金融機構若未能有效控管，遲早都會發生嚴重問題。然而，他們卻又搞不清眞正該進行處理的是金融體系的哪一個部份，不斷的強化監管制度，仍未能有效防止金融風暴的發生。爲何政府不斷加強金融監管，卻又無法達到眞正的預防效果？如果無法找出金融體系崩潰的根本原因，就無法有效對症下藥，金融崩潰也就無從預防。

許多時候銀行爲了創造更多的利潤，經常會以各種方式來擴大放款的對象，不但會放款給需要資金的企業，更會提供各種不同的分期付款給消費者去使用。

銀行常會爲了增加業績，而鼓勵民衆以分期付款的方式來增加消費。雖說增加消費可以帶動經濟成長，但實際上背後卻隱藏了嚴重的問題。這些看似對經濟有所幫助的分期貸款，在表面上雖對經濟成長帶來了一定的作用，但許多人卻忽略掉後續帶來的問題。

簡單來說，分期付款就是一種預支消費行爲，讓人們可以提早預支未來的薪水，以提前購買消費者想要的商品。這些預支消費的行爲，表面上看似增加了消費者的購買能力，但實際上卻不是這麼一回事。爲何說是表面上，這是因爲大多數的人只看得見消費增加，卻對「預支」這個行爲視而不見。所謂預支就是先支用將來的財富，預支消費簡單的說，就是將你未來的消費，提前拿到這裏來用。財富不可能憑空增加，分期付款的消費方式，是先從別人那裏借錢來消費，將來再用自己的薪水償還。所以現在所增加的消費力，等於是未來會增加的消費力，現在提前將未來的消費力給用掉了，將來這些消費也就消失不見了。

比方說，一個人用分期付款的方式，提前購買了一台50萬元的車，消費者身上根本沒有50萬元，這些錢是先從銀行那裏借來支付給廠商的。所以，如以分期50期來計算的話（假設不計利息），將來這個消費者每月就要償還給銀行1萬元。而這1萬元本來是可以讓這個消費者每月用來消費的，現在就變成連續50個月這個消費者都會減少消費1萬元，然後將這1萬元拿去還分期付款。

從上述的例子可以看到，現在這個人所增加的50萬元，雖會讓市場立即增加50萬元的消費力，然而在未來的50個月內，這個人每個月會縮減1萬元的消費，等於市場50個月合計會減少50萬元的消費力，一加一減之間，市場並未因此而增加更多的消費。

許多行業雖然以分期付款的方式來帶動成長，但這些分期付款卻是會產生遞延效果，但等到將來這些消費者要還款時，這些預支消費反而造成經濟衰退的來源。這些預先消費的人，他們日後所要消費的部份，就會因爲償還分期付款，而從市場中消失不見。許多廠商鼓勵分期付款的方式消費，不過是爲了推銷和宣傳的效果，實際上對經濟成長一點幫助也沒有。現在增加越多的分期消費，就表示未來日子裏，就會失去同樣的消費。分期付款的消費方式，雖可以讓消費者提前滿足消費的欲望，但將來也同樣必須承擔降低欲望以減少消費的後果。

在經濟發展的初期，數量龐大的都市建設，帶來大量勞動需求，使社會工作機會增加。為了滿足市場需要，廠商開始拼命生產，加上廠商為了增加銷售，開始與銀行合作提供分期付款。此時，銀行提供大量的分期付款，民眾也樂於以分期付款消費，市場出現一片繁榮熱絡的氣象。工廠一間一間的開，工作機會滿街都是，民眾的薪水也跟著增加。然而好景不常，當大家可以預支的部份，都已經借用完畢後，災難就伴隨而來，市場上出現大量商品乏人問津，工廠一間間倒閉，工作機會大量減少，民眾失業找不到工作，然後市場上沒人消費等一連串的惡夢又開始上演。

當所有人可以預支的部份都已經被借完了，就表示整個市場的消費需求已宣告結束。然後市場消費突然一下子完全消失不見，原本供不應求的商品，反而變成市場裏的毒藥，廠商拼命降價求售，大幅壓低市場上的商品價格。

分期付款產生繁榮假象

在過去，由於社會福利制度的不友善，所以許多人必須依賴銀行貸款，來滿足企業與個人的需求。但在新世界中，所有人基本生活需要都會受到政府一定程度的保障。只要願意工作，就會有足夠的錢購買想要的商品。至於企業能否繼續營運，完全視企業經營能力而定，與銀行是否會提供貸款沒有絕對的關係。所以，在新世界裏，為了避免銀行大量提供分期付款，造成經濟發展的不穩定，除了少數需要大量金錢才能購買的商品，如汽車、房屋等，一些日常商品，銀行不提供分期付款服務。

由於在新世界裏，過去的實體貨幣在使用上隱藏著許多犯罪問題，像是洗錢、貪污等，為了讓這些不明來源的資金現形，新世界裏一律使用電子貨幣，而不發行任何的實體貨幣，每個人的交易行為、薪水收入等都會忠實地紀錄在電腦裏。

另外，沒有人規定存錢一定要有利息，過去舊世界的日本就曾實施過多年零利率，而新世界又採用完全的電子貨幣，所以銀行不用擔心因為沒有利息，而造成無人存款的情況，或是民衆將大量存款換成現金的問題。就算銀行不再提供分期付款，經濟依然能夠正常的運作。

經濟小語

有多少錢就花多少錢，才是維持經濟穩定不變的眞理。

第十節　戒斷依賴癮頭

禁止販售菸酒

人們總是希望麻醉大腦來逃避面對現實，這不但無法解決問題，反而會讓事情變得更糟。

為了讓民衆都能積極面對人生，以及避免少數人受到有害物質的影響，而做出傷害他人的舉動。在新世界裏，除了特殊用途的藥物外，一些對人體有害且會妨礙大腦判斷與思考的物質，一律被禁止使用。過去許多商人藉由生產這些害人商品而獲得暴利。然而，這些東西不但無法讓世界變得更好，反而帶來許許多多的社會問題。

過去美國政府在多數官員是清教徒的背景下，美國政府曾於1919年實施禁酒令，該項命令將飲酒視為犯罪行為。在北歐五國中，除了丹麥以外，冰島曾在1915年到1922年間實行禁酒令，挪威從1916年到1927年、芬蘭從1919年到1932年、瑞典從1914年到1955年都曾實施過酒類的配額制度。這些都在在說明了飲酒是對身體有害的，舉凡頭腦清楚的人都知道，大量飲酒後可能帶來的危害。

或許有些醫生宣稱少量飲酒可以幫助血液循環，但在許多時候，大多數人是將飲酒當作是娛樂休閒活動，而非以健康爲出發點。有更多的跡象顯示，一般民衆很難有自制力來控制飲酒的數量。更多的情況是，因爲酒精作用而產生大量的危害，甚至危害到他人的安全。由於人類根本無法理性地控制飲酒數量，這使得飲酒的危害遠大於益處。爲了避免有人藉酒來逃離現實，甚至危害他人安全，所以世界政府寧可立法禁酒，也不願意再看到因爲飲酒而造成的傷害。

另外，香菸對於每一個抽菸者來說，就有如仙丹妙藥一樣，在心情煩悶時抽上一支，就好像可以讓他們擺脫煩惱與不愉快。甚至在腦袋昏沉的時候，吸上一口香菸似乎又能讓他們活了過來，精神百倍。

難道香菸眞有這麼神奇，能夠化解人們的憂鬱與煩惱，甚至讓人頭腦變得清晰？

這一切的想法，只是人們受到香菸內各種化學作用影響所產生的錯覺。等到這些化學作用結束後，就又會回復到那種昏沉而思緒不清楚的狀況下。吸菸的行爲不但對身體沒有任何的幫助，反而會造成肺部嚴重受到損害。況且，一個人在吸菸的同時，不但傷害了自己的身體，也同時將傷害帶給周遭的人。

許多研究內容說明菸草對人類來說，幾乎是百害而無一利的。但竟沒有一個文明國家公開禁止吸菸，頂多是在香菸盒上，放上一些簡單而無用的警示標語。菸草商藉由販賣香菸得到龐大利益，在這些利益的背後卻是將危害帶給社會，讓大衆承擔吸菸造成的疾病與社會成本。就連一些國家的公營機構也參與香菸的製造與販售，然後透過販售而賺取暴利，這樣的行爲亦等同是政府在做毒品生意一樣。

禁用成癮藥物

至於毒品，從有人類以來，似乎就與毒品脫不了關係，本來某些物質是可以用來當作醫療用途的。但卻有人將其當成逃離現實的利器，好奇心使人類陷入毒品的危害。過去早有許多國家明令禁止生產、製作、銷售及吸食毒品，這是因爲只要一個人一旦吸食上癮，就會出現許多不正常的舉動，甚至危害到其他人的生命財產安全。有些政府將販售毒品視爲非常嚴重的犯罪行爲，其處罰最高甚至可以判處死刑。

所以像是菸草、酒品、毒品，以及各種有毒害上癮成份的，除部份可當成醫療用之外，新世界政府都以明文規定禁止使用。尤其像嗎啡這類具有強烈的成癮性，會讓人類喪失判斷能力的物質，更是被嚴格禁止。

經濟小語

一個負責任的政府，就是要盡量消除社會上不安定的因素，才能長保繁榮。

第六章

繁榮的條件

新世界政府以前所未有的新制度，開創一個全新的理想世界，在這個世界中的人們總是充滿歡樂無憂無慮，他們盡情享受生活，也可以認眞的追尋自己的夢想。當然，新世界政府提供許多的生活保障，也必須有一些相關的措施與規定限制，如此才能讓這個理想世界永續繁榮下去。

第一節 財富回流

資金流回市場才能永續繁榮

資本主義最大的問題，在於自由市場讓人類因自利行爲不斷地賺錢，卻未曾防範因過度自利行爲，而影響到社會的正常運作。一個需要資金才能正常運轉的市場，如果普遍缺乏民衆消費，這個市場又會是一個什麼樣的市場？

不可否認地，每個人都有追求欲望的自由，但有些欲望是需要適度制止的，尤其是影響人類正常發展的欲望。前面已多次提到過，當財富過度集中後，貨幣的使用效率會大幅降低，原本正常發展的經濟，也會因爲財富過於集中的關係，而反向轉爲負面發展。雖然以資本主義爲首的美國，有所謂防範財團勢力的反托辣斯法，但這些人卻從未針對資本過度集中的問題，提出任何解決的方案。

若是任由個人不斷地累積財富，並讓財富累積作用可以無限延伸下去，終將讓社會形成貧富差距極大化。在巨大貧富差距的結構下，除了革命或戰爭外，沒有任何方法，可以改善財富結構的繼續惡化。因爲在這個結構下，多數人背下了大量的債務（大多是房貸），透過銀行機制，不斷繳到少數人的口袋中，彼此間的債務糾纏根本無法擺脫。緊隨而來的，便是一連串的惡性循環與悲劇的發生，占據有利位置的總是富人，他們很難體會基層民衆的辛苦，過度扭曲的經濟結構亦將開始扭曲人心，各種社會問題也隨之而來。

既然財富過度集中會造成經濟的衰退，那麼就必須要有適當的方法來解決這個問題。所以世界政府針對這個問題所提出的解決方案，就是讓民衆可以在達成一定的條件下，爲他自己及兒女提供基本的生活保障，讓民衆不用再擔心未來的生活。這樣就能使人們樂於消費，將手中的金錢大方的消費出去，經濟的繁榮也就得以維持。

另一個關鍵部份，則是個人的財產再也不能傳給子女，每個人都可以將其獲得的財產花用到一毛不剩，但這個人在一生當中，僅能有限度的贈與子女部份的財產，其餘沒花完的部份，都會被政府收回，而政府再拿這些錢去維持每個人基本生活。這樣從一個人出生到死亡，財產都能有一個合理的流向，不會再因少數人的影響，使財富過度集中，市場出現無錢可用的情形。

新世界政府確保了人類生存的一切條件，而維持這些基本生活保障的最重要財富來源，就是每個人生命結束後回流的財產。

廢除財產繼承制度

每個人不論其一生累積了多少財富，這個人在生命結束後，所有沒花完的部份都會被政府收回。這樣便可以讓財富累積有個終止的時間點，接著政府再透過各種福利制度與工作機會，讓財富重新回流到一般人身上。這樣一來，財富就可以經由不斷循環，而維持經濟發展的正常運作。這也是爲何新世界政府提供一大堆，過去世界人們所無法想像的社會福利，政府財政運作卻仍然可以維持很好的原因。

「財富回流制度」是一項前所未聞的制度，任何人在生命結束後，所有財富都回流到政府手中。當然每個人在活著的時候，依然可以自由充份的消費享受，政府也讓父母可以將少量的財產撥入子女戶頭，但所有身後留下的財產，仍是回到政府的手中。可能有人會懷疑，這些擁有龐大財產的人，還是可以利用各種方式，來將財產轉移到子女名下。不用懷疑，實施完全電子貨幣最大的目的，就是爲了防範有人利用各種方式來移轉財產。每個人都只有一個自己的電子貨幣帳戶，帳戶內任何異常的資金流動，都會引起相關人員的調查。

在這個制度下，下一代是拿不到遺產的，每個人在生命終結後都不會有所剩下。財富的累積現象可以停止於生命終止的那一刻，財富就又一次重回政府手中，然後政府的各項福利政策也可以永遠地實施下去。

社會上所有的福利與資源，都是民衆一同創造出來的，每一個人能夠獲得生活所需要的商品，亦是相互幫助的結果。唯有藉由互助，才能夠得到互利，讓自己在有限的生命裏去做更多有意義的事情。實施財富回流制，不但可以徹底改善財富集中的問題，也可以抑制少數人無窮無盡地收集財富的欲望。

從過去歷史經驗可以發現，社會建設與經濟發展總是一直在成長與衰退之間循環著。許多次的革命與戰爭，也都是起因於財富過度集中所造成的結果。所以，實施這項地球上從未有的新制度，正是爲了實現孔子禮運大同篇中，所提到的大同世界中最重要的一個環節。政府將給與每個人滿足基本生活條件的權益，每個人只需要提供一定的貢獻，比如滿25年的工作年資。互助是人類最大的財富來源，有了互助行爲就能獲得合作的利益。每個人都不用再擔心將來年老無依的問題，民衆可以安心的消費，將身上的錢花光，市場有了民衆大量的消費，經濟就可以持續的繁榮下去。

經濟小語

讓財富取之於社會，用之於社會，最後再回歸於社會。

明：〈繁榮社會循環圖〉說

1. 政府以增加工作機會與社會福利等方式，讓民眾能獲得收入並有剩餘可以消費。
2. 因為民眾不需擔心子女及自己未來的生活，所以願意大方消費。
3. 市場因民眾積極消費而變得十分熱絡。
4. 企業銷售成績增加而獲得很好的利潤。
5. 民眾則因企業利潤增加，而得到公司的獎勵收入。

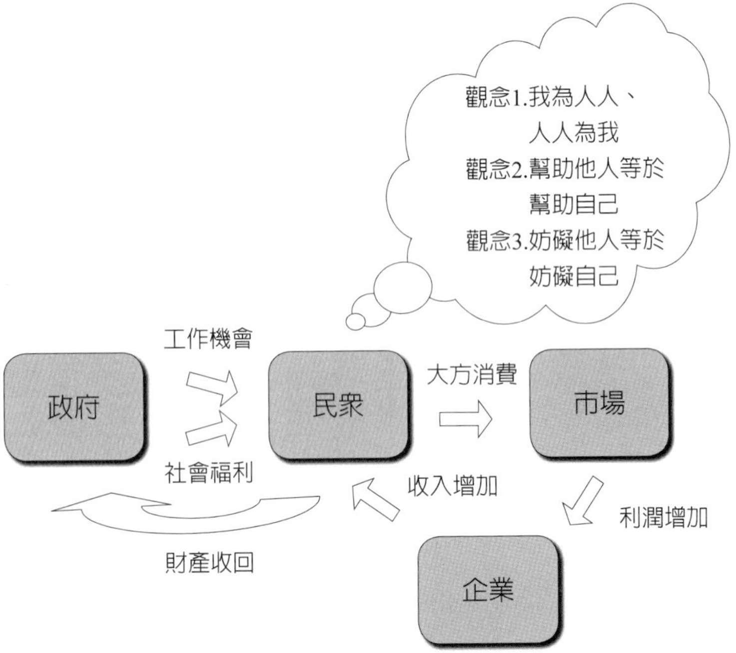

觀念1.我為人人、人人為我
觀念2.幫助他人等於幫助自己
觀念3.妨礙他人等於妨礙自己

政府
工作機會
社會福利
民眾
大方消費
市場
利潤增加
企業
收入增加
財產收回

圖6-1　繁榮社會循環圖

6. 當一個人生命結束時，未花完的財產都會被政府給收回。經濟發展從此再也不會受到少數人集中財富的行為影響。因為這些財產都會流回到政府手中，政府再以增加工作機會與社會福利的方式釋放出去。

7. 因為社會形成良善的經濟循環，所以在此生活的人都擁有人飢己飢、人溺己溺的胸懷與情操。

第二節　貨幣全面電子化

「電眼」追蹤資金流向

可能會有許多人覺得，財富回流制度根本沒有實施的可能，因爲還有許多可以逃避的方法，像是購買高價商品如金飾、鑽石等，或是利用公司或人頭帳戶移轉資金等方式。然而，就是因爲新世界政府知道，還有許許多多可以逃避政府追查的轉移財產方法，所以才會實施電子貨幣制度。也就是所有的一切商業行爲都改採用電子交易，就連一般的小吃商店也配有消費機，這樣就不用擔心有人會利用各種管道來轉移財產，而實體貨幣也不再使用，成爲歷史名詞。

在科技發達的年代，以電子貨幣完全取代實體貨幣，在技術上是可行的。在新世界裏就算有人想用實體貨幣消費，也找不到實體貨幣可使用。因爲在新世界中，所有貨幣都以電子的方式紀錄與發行，每個人都有一個獨立的電子帳戶來進行儲存與消費。

為了避免少數人藉各種名目移轉資金給子女，所以，每個人帳戶內的資金流動，都有一定的程式在自動監控。每個人的收入與支出，都會經過電腦詳細的檢查與比對，個人帳戶內只要出現來源不明的資金，電腦程式就會自動發出警訊給相關單位的政府人員，然後他們就會再次進行比對與檢查，只要無法說明資金的來源，這些資金將會被政府給沒收。許多富人曾嘗試利用各種方式移轉財富，最後都宣告失敗。因為所有的方法都有跡可尋，更何況政府也提供大量的檢舉獎金，只要利用人頭帳戶，就可能被人檢舉。在電腦系統中任何異常的資金流動，都會被電腦逐一的挑選出來，每一筆資金的流向都有跡可尋。所以，商業電子化交易實施後，完全沒有隱藏或移轉資金的可能。

杜絕非法移轉資金

再者，試圖移轉資金給子女的做法，也是一種嚴重違法行為。新世界政府為了保障每人基本的生活條件，以各種社會福利制度來滿足每個人的基本需求，其目的就是為了建立一個人人平等的大同世界。若大家只想鑽營取巧，偷偷地將財產移轉給子女，那麼這些社會福利就沒有實行的可能，整個財富循環也將宣告中止。所以，對於一些只想整天抱著財產，而且將這些財產利用不正當的手段移轉給子女的人，將被新世界政府視爲不受歡迎的人物。若一些人總是利用各種方法來非法移轉資金，新世界政府就會將這些人送至一個無人居住的環境。既然他們不願意合群共存，與大家共同享受生活，就讓他們過著自力更生、自食其力的生活。

當貨幣走向電子化，所有的資金移動都會被電腦紀綠起來，這就表示任何人都沒有辦法去非法移轉資金。而且，每個人與自己子女的生活，早就能獲得完善的保障，再嚐試這種不可能成功的舉動，就顯得十分愚蠢與不智。就算有人想利用人頭的方式，來將資金移轉，新政府爲了防範也提供高額檢舉獎金，如果確實查出不法資金移轉，這個檢舉人可獲得高達50%的沒收獎金。所以貨幣電子化制度實施不久後，便幾乎沒有人願意冒險移轉資金給親友。

經濟小語

只要能確實掌握資金的流向，就不用擔心逃漏稅的問題。

第三節 企業國有化與私有化

政府是企業繼承人

不論一個人擁有多少資金與多少間公司，在個人生命終結後，所有的財產都將移交給政府。其所經營的企業，亦將納入政府體系管理。新世界政府將每一間納管接手的企業，先派專人評估與計算資產價值，再以公告公開抽籤的方式，標售股份給從事相關領域的人。在此之前，世界政府會先評估該戶成員裏，是否有接手經營企業的能力，以合理的價格先開放給親人認購，如若沒有意願接手父母所留下來的企業，政府將開放給相關領域工作的人來認購，最後再將沒認購完的股份開放給一般民眾。

如果最終股份仍有剩下，這部份則納入政府管理。每一年政府都會將無人認購的股票，重新開放給民眾來認購。對於一些政府持股比例較高的公司，新政府將會指派專業經理人經營管理。所以，就算一個企業主在過世後留下企業，新世界政府也會審慎評估該企業的經營條件與體質，若是不具備繼續經營的條件，則新世界政府也會在適當的時候結束該企業的經營。

國企釋股完成私有化

所以，當一家公司擁有最多股份的企業主過世後，如果大多數的股份都沒人認購時，這個企業因為政府擁有最多股份，就會成為所謂的國營企業。但由於政府每年又會將這些未出售的股份，重新開放給民眾認購。所以，只要民間股份超過了政府的持有部位，這時企業又會變為民營企業。

不論民營或是國營，新世界政府都希望企業經營者，是具有專業知識背景的經理人。因為，專業知識可讓經營成效良好的企業持續經營下去，或讓經營績效不佳的企業能夠恢復正常良好的運作，這樣才能讓社會資源有效的管理與運用。

經濟小語

企業經營是否有效率，並不在於其為國營或是民營性質，而在於是否有用心經營。

第四節 製造創業機會

創新加速人類發展

沒有了財產繼承後，每個人的起跑點都是相同的，每個人都是從零開始累積。但如僅依靠薪資收入來累積創業資金，這樣的累積速度，恐怕也無法滿足社會對創業的需求。因此新世界政府將提供每個人一筆固定的創業基金，只要在某個行業工作年滿2年，就能向政府申請創業基金，以創立相關的公司行號。

這筆創業基金是以社會的年平均薪資做爲計算單位，一次將提供10個單位給想創業的人。比方說某年的社會平均薪資爲120萬元，那麼這個人就能獲得10個單位總共1,200萬元的創業資金。每個人一生都只有一次機會，可以申請政府提供的創業基金。而且，這筆基金完全是無償提供的，所以就算將來創業失敗，這筆基金也無需償還，但若是基金尚未用完，卻提前結束公司營業，則剩餘的創業基金就要歸還給政府

（如果用掉的基金超過一半，則將來也無法申請再提撥）。

另外，如果有人到年滿40歲，仍未申請使用這筆基金，政府也將開放讓這個人申請，將基金一半的金額（假設全額是1,200萬元，一半就是600萬元）撥入個人帳戶，供其消費使用。所以，有許多人不想創業，只想安穩的過日子，那麼他就會選擇以半額的方式來申請。

創業基金幫助圓夢

爲避免少數人以申請創業基金的機會，來行圖利自己之實。新世界政府規定創業5年內，個人薪資只能以該行業的平均薪資做爲標準，不能由自己任意規定自己每個月的薪資，以免有人將自己的薪水設定很高，就算沒生意也可利用薪水收入來圖利。在創業期間，個人除了仍可擁有正常薪水外，創業期間的工作年資也同樣會累計，只要工作滿25年，一樣可獲得政府的退休生活保障。

這樣的創業制度，每年都吸引大量的人們申請。所以爲了避免民衆胡亂投資造成資源浪費，每個創業者都必須擁有2年以上相關產業工作經驗，對產業有相當的認識後，才能夠向政府提出創業申請。政府部門在各領域中，亦設有具相當資歷與背景的服務人員提供創業諮詢。他們不但協助創業規劃，甚至開始營運以後，都可以提供免費的專業諮詢服務。政府部門提供創業者專業快速的諮詢，可使創業者不會像無頭蒼蠅那樣，對設立公司摸不著頭緒，亦讓創業者的公司快速成長步上軌道。

如果創業者沒有管理企業的相關背景與知識（沒有相關學科成績，或是在公司當過主管），則他們會被要求去上一些企業管理課程，包括企業經營、會計、人員管理等相關課程。然後等他們通過基本概念的考試後，才會提供創業基金給創業者使用。這也是為了避免一些想創業又沒概念的人，因對管理技巧的不熟悉，而影響到將來企業的發展與運作。

經濟小語

創業制度提高民眾開創事業的意願，也幫助個人實現自我理想的追求，以及滿足社會多元化需求。

第五節　節育預防災難

不受控制的人口資源將耗竭

每個人都知道地球上的資源十分有限，若讓人毫無限制的使用，資源將會很快的耗竭。人口的成長亦是如此，每個人在日常生活上都會需要一定的資源，人口越多則消耗的資源就會越多。在生活保障如此完善的制度底下，如果對生育不加以限制，屆時大眾無節制的生小孩，不久人口便會出現大爆炸，不但原本可以良性循環的制度，無法繼續維持下去，就連人類未來的生存都會面臨極大問題。

計劃生育避免「意外驚喜」

爲了讓經濟能持續繁榮，新世界政府已限制人口出生的總量。每對夫妻最多可以生育二個小孩，到了第二個小孩出生後，這對夫妻就會被政府要求強制結紮，以避免將來出現許多的「意外驚喜」。

在限制生育的規定下，每個人都只能生下二個「擁有自己基因」的小孩，只要擁有自己基因的第二個小孩出生，就會被強制結紮。在結紮前，會先抽取相當數量的精子或卵子進行冷凍保存。當然，這種節育規定，同樣可能衍生不少後續的問題。然而爲了有效控制人口，這麼規定也是不得已的做法。

因爲大部份土地被海水給淹沒的關係，經過科學家的計算，新世界土地以10億人口做爲最合適人類發展的數量。所以在總人口數達到10億之前，新世界政府每年都會開放一定數量的名額，給民衆來申請（並非以申請的先後順序，而是以抽籤來決定）。若是地球上發生嚴重的災難，造成人口突然大量減少時，世界政府這時也會開放抽籤申請，已經生有二個小孩的父母，同樣也可以自由申請。

因爲節育制度的實施，使得新世界的人口總能保持在10億附近。這樣不但人類可以持續繁榮下去，地球的資源也不致被爆炸的人口給消耗光。

經濟小語

節育是爲了延續繁榮，爲人類社會更長遠的發展打算。

第六節　工作的權利與義務

維持繁榮的條件

除了一些先天上有缺陷而無法工作的人之外（身體嚴重殘缺或有重大疾病），其他人在達到一定的年紀後，就必須開始找工作。新世界政府規定只要工作年資達到25年，就可以申請退休，和得到政府所提供的基本退休生活補貼。所以在新世界裏，不會有只想依賴家中財產而坐享其成的小孩。

爲了讓人人有工作可做，新世界政府規劃了許多不同類別的工作機會，每種職務性質都是依照社會上需求數量來增加。爲何人人都必須要有工作做？這是因爲每個人都是社會上組成份子，社會上的資源不可能平白無故的跑出來，每個人都需要提供一定的勞力，才能獲得自己想要的部份。

所以，每個人都必須有工作的概念，是被新世界的民衆廣泛接受的。「三個和尚沒水喝」的故事說明，三個和尚若只想坐享其成，誰也不願意去提水來喝的話，最後三個和尚會落得連水也沒得喝的下場。若每個人只想要別人付出，而自己卻不肯付出的話，最後就會像那三個和尚的故事一樣，大家都沒水可喝。

爲了避免社會出現總是想坐享其成的人，新世界政府對於只想著要享受社會福利卻不願工作的人，制訂一些罰則來處罰這樣的行爲。因爲，若人人只想著享受政府提供的福利，卻不肯爲社會貢獻自己的一己之力，或總是在工作上隨便敷衍了事，那麼人類社會的繁榮勢必難以長久維持。

每個人所能享受到的社會福利，其實與每個人的付出多寡有關。如果有人看到某些人總是坐享其成，那麼久而久之，就會有越來越多人沒有工作意願。到最後大家都不願意付出貢獻，這樣的社會還有什麼存在的意義？哪裏還會有繁榮的可能？

換句話說，每個人將來所能獲得的生活保障，仍會與自己工作的努力程度有關，自己現在越努力工作，將來就能獲得越好的生活品質。政府所能給予的退休生活，僅是提供一個人能正常生活的需要而已，若想要有更多元的選擇機會，就絕對需要自己平常努力獲得財富，以供自己能在未來有更多更好的享受。工作越努力，基本上就越有機會獲得更多的收入，這些收入便可用在退休後的生活安排。

相反的，一個人如果平時工作總是隨便應付了事，工作表現不佳，經常被客戶投訴的話，那麼可想而知，這樣的工作表現是很難有升遷與加薪的機會，收入如果無法隨著工作年資而增加，存錢的機會就會相對變少。退休後，只能依賴政府提供的生活補助，在身邊沒有多餘閒錢的情況下，也很難進行一些額外的休閒活動。這樣的退休生活，總是讓人過得十分不愉快。

重生園的另類激勵

另外，對於不願意工作的人，新世界政府所訂的處罰規定也很特別，他們會將不願意工作的人，安排到名為「重生園」的地方去。「重生園」是一些罪犯居住的地方，四周皆以高牆與電網與外界隔絕，裏面設有為數眾多的獨立小屋，屋內有床、書桌椅、廁所、煮食用具（鍋、碗、瓢、盆等）、以及一台可收看所有節目的電視，還有一台可上網的電腦。

「重生園」中除了提供每日一定數量的糧食外，也有基本的水電供應，而三餐煮食等則必須靠自己處理，不會有專人煮給你吃。除基本糧食以外的食物，都必須靠自行耕作、豢養，或與園裏的其他人進行交換。每個人的生活空間都是獨立且受嚴密監控的，平時除特定時間外，無法與他人進行交流。每人都有一塊田地，供自行耕作與豢養。所以，進入這裏就等於重回到自給自足的時代，對這些不願為社會付出，或總是喜歡損害他人利益的人，新政府就讓他們在這裏學習爲社會付出，以及如何與他人互助共存。

經濟小語

沒有付出就不會有收穫，想要過富裕的生活，就要努力工作。

第七節　大同世界

合作創造利益

如果說資本主義是以競爭來創造利潤的話，那麼剛剛所說的新世界就是以合作來創造利益。在新世界中，雖然彼此之間仍然存在競爭關係，但與資本主義強調的競爭，在本質上有極大的差異。資本主義的競爭，大多以損害他人利益來換取自身的利益，是完全的損他利己主義。新世界則是會在彼此間尋求一個共同利益的平衡點，在尋求自身利益的同時，亦會充份考慮到他人利益是否受到影響，也會盡量避免因爲尋求利益而讓社會受到損害。

所以，這兩種制度明顯在基礎上有所不同，兩種不同的社會模式，就產生出兩種截然不同的社會價值觀。在資本主義社會中，因爲個人生活條件嚴重受到他人侵害，所以爲了尋求生存的機會，在不得已的情況下，人們只能選擇以損害他人利益，來換得自身生存的機會。這樣的社會模式就容易引發人類負面思考，以及產生許多對他人有害的行爲。等於是社會環境造就了人性本惡的結果。

相反的，如果人類的生活條件能夠獲得基本的保障，在不必憂慮未來的生活時，人們就不會千方百計地想贏過別人，以獲得更多的利益。社會容易形成雪中送炭的互助行爲。在幫助別人的同時，也間接帶來自身的利益，大衆樂於助人，在自己遭遇不幸時，亦能獲得友善的幫助。這樣的社會氛圍，就容易激發人類向善的一面，促成人性本善的和諧社會。

美國心理學家亞伯拉罕．馬斯洛（Abraham Maslow），曾提出需求層次理論（Need-hierarchy theory），把人類的需求分成生理需求、安全需求、社交需求、尊重需求和自我實現需求等五個層次。依序由追求較低的層次，一直到追求最高的層次。也就是說，人類在最低層次的需求獲得滿足後，就會主動追求更高層次的需求。

新世界的社會已先滿足了人類最低層次的需求，然後人們可以不用浪費大量時間與精力，在滿足自身最低的需要上面。人們可以更直接容易地去追求更高層次的需求，去追求理想以實現自我。在這樣和諧的社會條件下，孔子在禮記禮運篇裏提到的「大同世界」，一個不分你我，彼此沒有鬥爭的溫馨社會就能快速的實現。

大道眞理的實行，其理念就是讓賢能的人被推選出來，以天下無私的精神來治理人群。然後，人與人之間的相處，生意上往來講求信用，與街坊鄰居都能夠和睦共存。

每個人都能親愛自己的父母長輩與子女，使年老的人獲得奉養，然後可以安享天年；正值壯年的人能夠發揮自己的專長，並善用自己的才能來爲社會服務；年幼的人能夠獲得妥善的教育與撫養，並學會做人做事的道理；讓所有年老而無妻、年老而無夫、年幼而無父、年老而無子、身體殘病、久病不起的人，都能獲得很好的安排，讓他們能充份的得到照顧。

成年男子可以順利找到合適的工作，女子成年後可以擁有好的歸宿。社會上的資源都能被合理而有效率的運用，不會因爲個人的自私而囤積商品來牟利；有能力的人盡心盡力，努力爲社會貢獻自己。如此一來，作奸犯科的事情就不會發生，竊盜、以下犯上等行爲也就不會興起，家家戶戶的大門不必上鎖，這就是所謂的「大同世界」。

大同世界的人生觀

在新世界中，因爲每個人的生活都受到一定的保護與保障，民眾普遍擁有積極向上、合群助人的想法。在一個良性循環的世界，很容易激發人們積極向善的心理。如能夠一直這樣的循環，每個人都願意發揮惻隱之心，不爭名、不奪利，以互助互信的想法來服務社會。這樣世界就能永遠的進步繁榮，充滿和諧、快樂、富足與安康。

所以，在新世界的人們，每個人看起來都相當的友善，他們臉上經常掛著微笑，總是一副沒有憂愁的樣子。如果遇到需要幫助的人，不管是問路，或是緊急事故的處理，他們都十分主動積極。整個社會已充份形成人飢己飢、人溺己溺的共同理念。

眞、善、美的極致表現，雖與社會福利健全與否有著極大的關係。但最重要的，仍然是新世界人們所受到的道德養成教育，開啓了整體社會互助互利的運作模式。互助互利的觀念與想法，是經過長時間的實踐來累積與強化。在實踐過程中，在幫助他人的同時，亦能從其中獲得利益，使他們了解到唯有互助合作，才能讓自己節省許多時間與精力，才能讓自己有機會去實現自我的理想。

觀念一：我爲人人，人人爲我

「積極的幫助別人，別人就會願意積極的幫助自己。」

這個道理很容易理解，如果每個人都能夠爲他人著想，隨時幫助需要幫助的人，這樣當自己需要受到幫助時，自然就會有他人主動伸出援手來幫助你，互助的行爲，就能帶來互利的結果。互助互利的行為，是推動現今人類發展最大的利器。

觀念二：幫助他人就等於幫助自己

「成功不是一個人的，而是大家所共有的。」

這個觀念的概念有點抽象，既然是幫助了別人，怎麼會變成是在幫助自己？其實這句話真正的意思是說，如果你幫助了別人，而別人因為你的幫助，也會快速順利的完成工作，他人的工作完成，可能又影響到另一個人的工作進度。一直推行下去，到最後他人的工作進度，又可能會直接影響到你個人的工作進度。所以，一連串的發展結果，很多時候幫助了別人，就等於間接幫助了自己。

舉個例子來說明，當你在回家的路上，看到一塊大石頭擋在路中央，雖然你可以不理會這個石頭而繞過它，但你擔心其他用路人的安危而主動搬開它。當你回家後，卻發現家中有人突然心臟病發作，你緊急打了電話呼叫救護車前來，而救護車很迅速的來到你家，並順利地送家人到醫院治療。

然而，如果你在經過時，只是任由大石頭擋路而不加以理會，那麼救護車就極有可能因大石頭擋路而延誤救援時機。像這類的事情多不勝數，舉凡從個人行為，一直到國家的層面，都可能因爲彼此的互助行爲而受益。這種情形也有點像蝴蝶效應的擴散，從一開始看起來與你無關的事件，到最後卻還是影響到你個人，就也像是佛家所說的因果循環的情況。

觀念三：凡事以不妨礙他人爲前提

「妨礙他人就等於妨礙了自己」

從字面上看起來很容易理解，就是不要刻意去影響與妨礙他人。這些妨礙，有些是屬於無形的妨礙，如噪音、勾心鬥角等，有些則是屬於有形的妨礙，比如說在家門口放置障礙物影響他人通行。還有一些是屬於整個社會層面的妨礙，例如企業聯合訂價妨礙正常的競爭，或是利用聯合壟斷，藉以拉抬商品售價以牟取暴利，或是刻意累積大筆土地與財富，妨礙正常經濟的運作等等。許多自己察覺不出來的妨礙，都會影響經濟的正常發展。少數人不斷地大量收集財富，影響了經濟正常的運作，減緩了商品的生產，最後也連帶地使自己的財富受到牽連和影響。社會整體的往下沉淪，也會連帶使自己的企業受到損害，造成自己財富縮水。

經濟小語

依循財富回流機制，經濟得以永續繁榮。在這個基礎下，每個人的行爲都將變得良善，社會充滿和諧融洽的氛圍，「我爲人人、人人爲我」的精神將自然而然的產生，除了富足的經濟，更進一步邁向孔子終生追求的「大同世界」。

參考文獻

中文部份

1. 柏拉圖（1986）。《理想國》（第8卷）。北京商務印書館。
2. 凱恩斯（2002）。《就業、利息和貨幣通論》。香港商務印書館。
3. 密爾頓・傅利曼（2014）。《資本主義與自由》（第3版）。五南。

英文部份

1. "capitalism". *Encyclop Encyclopaedia Britannica. Encyclopaedia Britannica Online. Encyclopaedia Britannica Inc*., 2013. Web. 31 May 2013.
2. *Capitalism Oxford Dictionaries. Retrieved* 4 January 2013.
3. Case, Karl E. (2004). *Principles of Macroeconomics*. Prentice Hall.
4. Friedman, Milton and Rose Friedman (1980). *Free to Choose: A Personal Statement, Harcort Brace Janovich* (pp. 2-3).

5. Friedman, Milton. *The Social Responsibility of Business is to Increase its Profits*. *The New York Times Magazine* (13 Sep. 1970).
6. Friedman , Milton (1962). *Capitalism and Freedom*, University of Chicago Press.
7. Friedrich Hayek. *The Road to Serfdom*. University Of Chicago Press, 1944.
8. Fulcher, James. *Capitalism A Very Short Introduction*. Oxford University Press, 2004: 41.
9. John V. C. Nye. *Standards of Living and Modern Economic Growth*. The Concise Encyclopedia of Economics (2008). Library of Economics and Liberty. Retrieved, June 1, 2013.
10. Library of Economics and Liberty, May 31, 2013.
11. Macmillan Dictionary of Modern Economics, 3rd Ed., 1986, p. 54.
12. Mill, John Stuart (1848, 1871, 7th ed.). Principles of Political Economy.
13. Paul Mattick. Marx and Keynes: *The limits of the mixed economy*. Marxists, February 26, 2008.
14. Rogers, Heather. *The Conquest of Garbage*. International Socialist Review.
15. Robert Hessen, *Corporations*. The Concise Encyclopedia of Economics, 2008.
16. Shutt, Harry. *Beyond the Profits System: Possibilities for a post-capitalist era*. Zed Books, 2010-03.

圖解

五南圖解財經商管系列

- 最有系統的圖解財經工具書。
- 一單元一概念，精簡扼要傳授財經必備知識。
- 超越傳統書籍，結合實務與精華理論，提升就業競爭力，與時俱進。
- 內容完整、架構清晰、圖文並茂、容易理解、快速吸收。

五南文化事業機構
WU-NAN CULTURE ENTERPRISE
地址：106台北市和平東路二段339號4樓
電話：02-27055066 ext 824、889
http://www.wunan.com.tw/
傳真：02-27066100

博雅文庫 138

我的經濟理想國：人人都富足的繁榮社會

作　　者　周偉華
發 行 人　楊榮川
總 編 輯　王翠華
主　　編　張毓芬
責任編輯　侯家嵐
文字編輯　12舟　許宸瑞
封面設計　郭齡茵
出 版 者　五南圖書出版股份有限公司
地　　址　106台北市大安區和平東路二段339號4樓
電　　話　(02)2705-5066
傳　　真　(02)2706-6100
劃撥帳號　01068953
戶　　名　五南圖書出版股份有限公司
網　　址　http://www.wunan.com.tw
電子郵件　wunan@wunan.com.tw
法律顧問　林勝安律師事務所　林勝安律師
出版日期　2015年 8 月初版一刷
定　　價　新臺幣350元

國家圖書館出版品預行編目資料

我的經濟理想國：人人都富足的繁榮社會 / 周偉華著. -- 初版. -- 臺北市：五南, 2015.08
面；　公分
ISBN 978-957-11-8136-3（平裝）
1.經濟發展 2.經濟制度
552.15　　104009333